U0471739

LONG-TERM

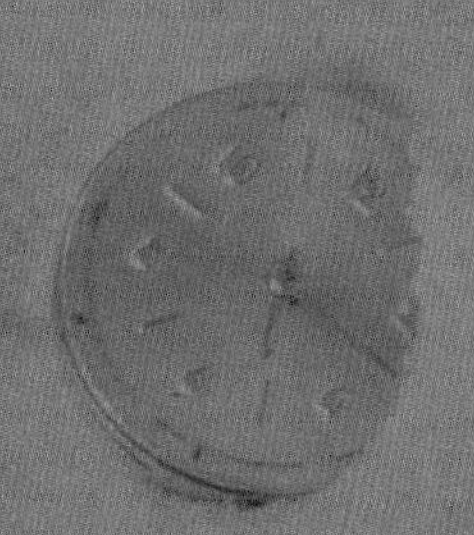

杜邢晔
著

长期主义

机构投资者的资产管理

ASSET MANAGEMENT OF INSTITUTIONAL INVESTORS

SSAP 社会科学文献出版社
SOCIAL SCIENCES ACADEMIC PRESS (CHINA)

序　一

我国改革开放四十年最重要的成果之一是我国居民家庭人均财富迅速攀升。我国居民家庭财富积累的速度令人瞩目，与此同时，伴随着我国证券市场三十余年的发展，我国机构投资者也不断发展壮大。这一切似乎都是顺理成章的事情，老百姓有了钱，有了管理财富的需求，我们的资产管理行业就茁壮成长起来了。从规模和质量等不同指标来看，我国的资产管理行业发展得都不错。同时，我国的机构投资者逐步走向世界，我国的主权财富基金在国际上也广受关注。

似乎一切都很好，然而仔细观察总觉得我们的资产管理行业发展得远远不够。普通的居民家庭总是感到自己的钱不知道应该投向哪里，似乎都是机会，也似乎处处充满风险。从普通居民家庭投资结构来看，房地产依然占据最大的比例，然而，房地产是不是就是永远的财富蓄水池，政府和老百姓都比较担心。股票市场周期性的大幅波动，让普通老百姓也难以亲近。P2P、虚拟货币等此起彼伏的“财富新机会”也不能承载普通老百姓的期盼，对于许多人来说就只是伤心往事。在这样的背景下，社会对专业的机构投资者有着更高的期许。

我国的证券监管部门几乎在证券市场建立之初就呼吁并致力于培育机构投资者，特别是中长期投资者，认为以散户为主的投资者结构无助于金融市场的稳定。然而，在大多数时间里，我国股票市场上交易量最大的群体依然是散户。我国的机构投资者在不断发展壮大的同时，一方面为市场效率的提高和市场的稳定做出了巨大贡献，另一方面经常被批评存在“机构散户化”的现象。怎样使机构投资者赢得广大普通老百姓的信任，在金融市场中真正发挥“定海神针”的作用，目前还是中国金融市场面临的重要问题。

杜邢晔博士的新著《长期主义：机构投资者的资产管理》深入研究了国际大型机构投资者的资产管理和运作模式，探讨了它们的公司治理、资产配置、风险管理、薪酬激励、产品设计等资产管理全流程的特点，并结合案例进行分析，期望从中寻找到机构投资者发展的一些规律，为我国机构投资者发展提供一些经验借鉴。杜邢晔博士在业界有长时间丰富的一线工作经验，她的总结和梳理能够让读者更加近距离地看到国际大型机构投资者的内部运行机制和模式。

杜博士的新书首先介绍了国际上资产管理行业的主要参与者和行业结构，并以一些著名机构投资者为案例分析了机构投资者资产管理全流程的一般经验、内部治理结构和投资范围等。在这些研究的基础上，这本书重点梳理了国际上机构投资者的主要资产配置流派，并介绍了机构投资者业绩基准的设置原则和机构投资者常用的基准，对一些代表性机构投资者投资业绩表现进行了分析。该书还重点介绍了代表性机构投资者的风险评估和管理机制，对机构投资者的产品设计特别是养老基金的设计进行了较为翔实的介绍。

这本书比较有意思的一章是“机构投资者的薪酬激励机制”。正如作者所述，薪酬激励机制是资产管理机构运作的核心机制之一。特别是2008年全球金融危机之后，金融业界和学术界对金融机构的薪酬体系高度关注，各国监管者也担心错误的激励机制会使金融体系变得不稳定，会激励从业人员特别是高管选择过于冒险的行为伤害客户和合作机构而为自己谋利，从而破坏整个金融系统，引发系统性风险。

应该说，杜博士的这本新书具有强烈的操作性风格，力求展示国际机构投资者的全貌，并用一个个案例来剖析国际机构投资者内部的运行模式，对希望从事资产管理相关工作和期望理解机构投资者的读者来说是一本非常有价值的参考书。

杜博士在这本书里总结机构投资者相关事实和特征的同时，提出了很多自己的观点，也问了一些非常深刻的学术问题，相信这些都是她未来研究的起点，也相信会向其他学者进一步研究机构投资者提供很多新的视角。

是为序。

对外经济贸易大学金融学教授、副校长

吴卫星

序　二

首先，祝贺杜邢晔博士所著《长期主义：机构投资者的资产管理》一书出版！本书汇总了杜博士近年来在资产管理和养老金融领域的部分研究成果——对全球范围规模体量较大、具有较好代表性的资产所有者类型机构（挪威 GPFG、加拿大 CPPI、新西兰 NZSF、丹麦 ATP 等）的领先实践进行了梳理归纳，总结分析了实践背后的理论依据与机构决策路径。读者可以从书中全面了解这些机构在设立与运行过程中的方方面面，例如，公司管理层面的治理结构、部门设置、激励机制，投资管理层面的资产配置模式、自营委托选择、业绩基准设置、风险管理模式。相信对养老金融、投资管理感兴趣的读者阅读后一定会大有收获。由于我的本职工作在资产配置与资产管理服务领域，因此主要分享书中列举的境外机构在投资方面给我带来的重要启示。

一是强调负债驱动投资，根据自身禀赋与约束条件开展资产配置与相关投资工作。在书中，我们可以看到，这些资产所有者机构均以自身负债端情况为基础，制订资产配置方案，而不是简单地基于预测去构建收益最优化的投资组合。它们的久期、现金流结构、资产规模、所需对冲风险各异，让我们也看到了分别契合自身情况的多样化大类资产配置方案。不论是比例维度还是区域维度，都可以供境内的养老金投资参考。以加拿大 CPPI 为例，在权益配置的比例上，基于可持续性测算，且考虑到自身久期较长等特征，在 CPPI 的基本 CPP 账户的参考组合中，权益类资产配置目标比例高达 85%，剩余 15%配置于固定收益类资产。显然，85%的权益类资产配置比例会导致在资本市场动荡的年份中，CPPI 的参考组合出现较大浮亏。而从境内当前的养老金投资实践来看，其未从久期与实际所需对冲风险出发，因此在配置比例上没有体现出明显的差异化特征，绝大多数养老金的权益类配置比例相对较低，投资目标是追求每年实现稳健的正收益。在区域配置上，CPPI 的权益类资产配置基准使用的主要是由在加拿大境外上市的全球企业组成的全球股票指数（S&P Global Equities Large Mid Cap Index），旨在在财务维度获取全球其他国家经济发展的红利，而加拿大股票总组合占比不到 10%。换个角度讲，CPPI 在权益类资产的配置规划上并未带有本土偏好，未将资金大规模投放于本国股票，而是基于养老金计划成员实质的风险特征，合理分配受托资金。目前，我国的养老金配置或受制于各种因素，投资于境外资产的比例仍然较低，与全球其他国家的经济产值以及价值创造的占比并不相称，较难分享其他国家经济增长红利。加拿大 CPPI 看似较为激进的配置结构、愿意主动承担资本市场的波动，并不是赌博行为，而是经过审慎分析负债端情况后所得出的资产端解决方案，为加拿大公民远期养老生活提供更坚实的财务保障。这也在一定程度上说明，一味地维持短期账面稳定而承担长期机会损失风险，也许并不是科学地承担受托责任与履行信义义务的方式。

二是更加尊重基准、流程与风险管理在投资管理中所发挥的作用，弱化来自人的主观意愿影响，最大限度保障实现资产配置方案的预期目标。本书覆盖的所有机构投资者的资产配置方案都在不同层级的资产与策略中设定了基准。基准一方面明确了机构对该类资产的预期收益风险特征，另一方面建立了业绩考核的准绳，因此，设定合理、契合的基准是投资流程不可缺少的一环。对于资产所有者机构来说，在投资管理中需要的是所见即所得，不过分期待“惊喜”，但一定不想有“惊吓”。事后即使投资业绩不及预期，也便于做出归因，判定是资产配置方案出现问题还是落实执行环节出现其他疏漏，及时做出相应的修正与改进。受聘的资产管理机构在开展投资工作时受到资产所有者机构所指定的基准的约束，首要目标为掌握基准本身的收益风险特征，次要目标是在指定跟踪误差范围内，力争获取高质量超额收益。大幅偏离基准，引入行业、风格、大小盘、久期等风险来博取收益的投资行为，必然会触发资产所有者风险管理中相应的风控措施，也会极大损害管理人的商誉与在业内的名声。截至目前，境内市场仍会出现这类现象——金融产品在合同中明确了基准，但基金管理人/基金经理在实际投资过程中完全忽略基准的存在，并且风控纠偏措施缺位。例如，基准与投资范围明确为中、小盘股票的基金产品可以接近满仓持有大盘与超大盘股票；基准为金融/互联网行业的基金产品可能大幅持有新能源股票，追逐热点，希望通过短期业绩爆发来获取更多客源。

也许境内外投资环境仍然有较大区别，但本书对于境内受托类资产所有者机构或者家庭/个人投资者而言，都是有重要借鉴价值的参考读物。当前，我国商业型财富管理行业正处于转型升级期，较多受托类资产所有者机构（也包含买方投顾类资金）正在摸索找寻一个适合自己的发展路径，境外同业机构的运营模式为我们提供了较好的范本。相较于直接照搬照抄，更加重要的是理解与思考境外机构在公司治理、部门设置、激励机制、投资管理、风险管理等方面如此设置和选择的原因与逻辑，以及在它们自身发展过程中的变化及其背后的驱动因素。

对于家庭/个人投资者而言，虽然本书主要关注机构特征与实践，但其中的基本理念可以对家庭/个人投资者起到较强的指导作用。尽管近年来各类资管服务类金融机构提供的产品与服务越来越丰富，但资产所有者仍是最终做出资产配置决策的主体（如购买股票产品即为股票配置，持有货币基金即为固收配置）。在采购金融产品时，不少个人投资者本质上出于情绪或人情世故而非理性地做出配置决策，平均来看，持有体验相对较差，并且有大量中间费用形成的摩擦损耗进一步蚕食收益。感兴趣的个人投资者可以通过阅读本书，将自己的投资行为与境外机构对标对表，找到可以改进的环节并予以优化。比如，对于个人投资者，先根据自身情况制订大体的配置方案，对冲与自身相关的风险要素，然后找出与配置方案相契合的候选产品，最终在其中优先选取服务质量高、收费合理的产品采购持有，转变原来的冲动性消费行为。相信将境外养老金机构的投资模式应用于个人投资的场景，也会有助于跳出境内个人投资者普遍存在的“长期不赚钱”“基金赚钱但基民不赚钱”的怪圈。

杜博士在中国证券投资基金业协会《声音》以及其他平台发表了不少境外机构的相关专题文章，这些文章带给我很多启发，也驱动我更加深入研究与理解境外机构的领先实践，这些学习与思考显著提高了我个人的知识积累与工作能力，使我受益匪浅。此次杜博士投入精力将自己的研究成果整理出书，帮助更多的境内投资者提升自身的治理水平、投资能力，加强风险管理等，对此，我十分钦佩！在资产管理与养老金融重要性日益凸显的今天，这份工作的价值一定会不断得以彰显。相信也会有越来越多的同业伙伴开展研究与探索，大家共同持续努力，推动形成契合中国国情的实践方法，让 14 亿人民享有高质量、有效的资产管理服务，少有所教，老有所依，也让资产管理服务行业成为 14 亿人民值得信赖与尊重的重要产业，不辱使命、不负所托！

深圳市弘源泰平资产管理有限公司合伙人
国家金融与发展实验室经济增长与金融发展实验中心特聘研究员
文　潇

前　言

本书旨在通过研究、梳理国际大型机构投资者较为成熟的资产管理和运作模式，研究公司治理、资产配置、风险管理、薪酬激励、产品设计等资产管理全流程，结合案例，为国内同业提供经验借鉴。

第一章介绍国际资产管理行业的主要参与者及行业结构，包括资产所有者构成情况、所持资产规模及排名情况，资产管理者在管资产规模、排名情况，第三方服务机构构成，以及简要介绍个人资产所有者情况。

第二章介绍机构投资者资产管理全流程的一般经验，并以加拿大养老金计划投资公司（CPPI）为例，阐释其投资框架在整个组织中的贯彻流程。

第三章在公司治理基本理论的基础上，梳理美国得克萨斯州教师退休体系（TRS）与加拿大 CPPI 的治理结构，包括公司组织结构、董事会结构、投资部门设置等。

第四章梳理机构投资者的投资范围，梳理了当前资本市场主要资产类别，以及将另类资产，例如对冲基金、私募股权作为单独资产类别讨论；介绍因子的一般分类及按照因子进行分类的投资范围，并介绍代表性机构在大类资产投资范围上的配置。

第五章梳理机构投资者的主要资产配置流派，包括以挪威政府全球养老基金（GPFG）为代表的股债配比模式、以耶鲁大学捐赠基金为代表的高配另类资产模式、以加拿大 CPPI 为代表的参考组合模式、以丹麦 ATP 为代表的风险因子平配模式，并重点介绍了加拿大 CPPI、美国 TRS 等代表性机构的资产配置模式及配置情况。

第六章介绍了机构投资者的投资业绩基准的设置与业绩评价。首先介绍了业绩基准的设置原则以及代表性机构所采用的业绩基准；其次介绍了业绩评估对于投资机构的重要性；最后，在此基础上，梳理了代表性机构的投资业绩来源及归因。

第七章介绍了机构投资者的风险管理模式。首先是介绍机构投资者所面临的风险的定义和分类，之后较为详细地介绍挪威 GPFG 的全方位风险评估与管理体系，以及新西兰 NZSF、加拿大 CPPI 的风险评估与管理机制。

第八章梳理了机构投资者的薪酬激励机制，这也是资产管理机构运作的核心机制之一，包括薪酬激励机制设计一般原则，以及美国加利福尼亚州公务员退休体系（CalPERS）的薪酬激励机制及加拿大养老金计划投资公司（CPPI）的薪酬激励机制。

第九章介绍了机构投资者的产品设计，特别是养老基金的设计，包括设计原则，并以澳大利亚超级年金（AustralianSuper）的设计为案例进行分析。

第十章是结语，总结了国际大型机构投资者资产管理的主要经验，以及对我国机构投资者的主要启示。

目 录

第一章　资产管理行业的主要参与者及行业结构

资产管理行业的主要参与者包括资产所有者、资产管理者、第三方服务机构等（见图 1-1）。

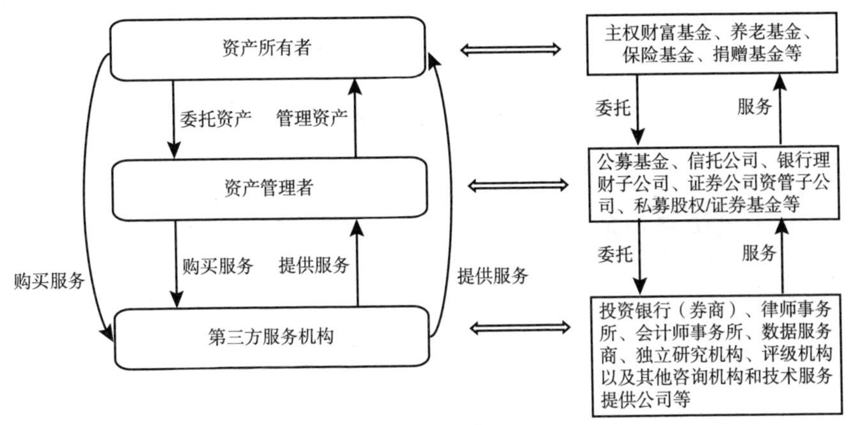

图 1-1　资产管理行业的主要参与者

资产所有者，主要包括机构资产所有者和个人资产所有者，其中，机构资产所有者包括主权财富基金、养老基金、保险基金、捐赠基金等，是资产管理行业的“金主”，是资产管理行业的大买方/甲方。个人资产所有者相对于机构资产所有者而言，通常体现在个人储蓄、个人金融资产、家族设立的资产管理办公室等方面。本书主要研究机构资产所有者，称其为机构投资者（Institutional Investor）。

资产管理者，包括各类资产管理机构。在国内，主要包括公募基金、信托公司、银行理财子公司、证券公司资管子公司、私募股权/证券基金、保险资管公司[①]等。国外有各种资产管理公司，我们耳熟能详的有富达投资（Fidelity Investments）、先锋集团（Vanguard Group）、黑石（Blackstone）、贝莱德（BlackRock）等，资产所有者是这些资产管理者的客户。资产管理者承接资产所有者的委托，为后者管理资产并提供相关服务。

第三方服务机构，包括投资银行（券商）、律师事务所、会计师事务所、数据服务商、独立研究机构、评级机构以及其他咨询机构和技术服务提供公司等，为资产所有者和资产管理者提供资产管理的相关服务。

第一节　资产所有者

一　机构资产所有者概况

韦莱韬悦（Willis Towers Watson）将资产所有者称为地球上最有影响力的资本。[②] 资产所有者有如下四个特征。一是直接服务于由受益者、储蓄者、投资人构成的特定团体，在受托责任下，用受托能力管理该特定团体资产。二是为赞助单位（通常是政府、半政府组织、非营利组织）工作。三是在明确的法律条款下工作，其因具有社会信托属性和合法性，而拥有隐含的社会运营许可。四是利用多种未来支出或收益的形式，完成受益人和利益相关者的特定使命。[③]

狭义的机构资产所有者包括养老基金、主权财富基金、基金会

① 吴晓灵、邓寰乐等：《资管大时代》，中信出版集团，2020。

② 韦莱韬悦发布的每份关于资产所有者的年度报告的副标题都是“地球上最有影响力的资本”（The Most Influential Capital on the Planet）。

③ Willis Towers Watson, *The Asset Owner 100*, *The Most Influential Capital on the Planet*, *2021*, https://www.thinkingaheadinstitute.org/research-papers/the-asset-owner-100-2021/.

和捐赠基金，广义的机构资产所有者还包括部分保险公司、公募基金、外包投资机构（Outsourced Chief Investment Officer，OCIO）。韦莱韬悦发布的《2022 年养老基金资产研究报告》统计，全球资产所有者控制 175 万亿美元的资产规模，其中，养老基金控制 60.6 万亿美元，主权财富基金控制 9.6 万亿美元，基金会和捐赠基金控制 1.5 万亿美元，公募基金（包括 ETF）控制 63.1 万亿美元，保险公司控制 40.3 万亿美元（见图 1-2）。

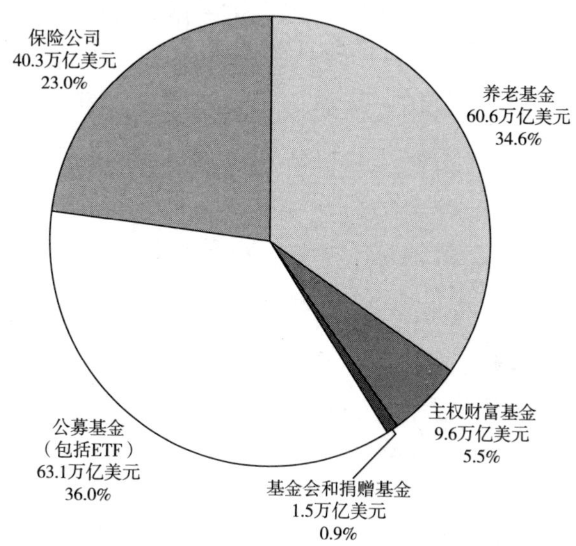

图 1-2　全球资产所有者控制 175 亿美元资产的分布情况

资料来源：Willis Towers Watson，*Global Pension Assets Study-2022—Thinking ahead Institute*，https：//www.thinkingaheadinstitute.org/content/uploads/2022/02/GPAS_2022.pdf。

韦莱韬悦发布的《2021 年 100 强资产所有者报告》[①] 统计，截至 2020 年底，全球 100 强机构资产所有者的在管资产规模（AUM）

---

① Willis Towers Watson，*The Asset Owner 100*，*The Most Influential Capital on the Planet*，*2021*，https：//www.thinkingaheadinstitute.org/research-papers/the-asset-owner-100-2021/.

为 23.5 万亿美元。[①] 其中，养老基金规模在机构资产所有者总规模中占比最高，2020 年底为 13.7 万亿美元，占比为 58%，主权财富基金占比为 35%，外包投资机构占比为 7%。2019 年、2020 年，机构资产所有者在管资产规模同比增速分别达到 6%和 16%，其中，养老基金同比增速分别为 9%和 12%，主权财富基金同比增速分别为 2%和 25%。从各类机构的占比变化来看，2017~2020 年，尽管养老基金增速上升，但占比由 61%降到 58%，而主权财富基金占比由 32%上升到 35%，显示出各国增设主权财富基金，或给主权财富基金更高的注资，或主权财富基金获取了更高的投资收益。

从区域资产规模来看 100 强机构资产所有者的规模和占比，亚太地区规模为 8.7 万亿美元，占比为 37%；北美规模为 7.5 万亿美元，占比为 32%；欧洲中东非洲规模为 7.1 万亿美元，占比为 31%。从机构数量来看，亚太地区有 24 只基金，北美有 47 只基金，欧洲中东非洲有 29 只基金。在北美，养老基金占绝大多数，在机构资产所有者中占比达到 77%；在亚太地区，养老基金占比为 58%；在欧洲中东非洲，主权财富基金占比为 60%，特别是中东主权财富基金占比很高。[②]

二 养老基金概况

养老基金在机构投资者中非常重要，是最大的一类机构资产所有者。如上文所述，在全球 100 强机构资产所有者中，养老基金规模占比达到 58%，养老基金机构数量占比达到 73%。在全球 20 家最大的机构资产所有者中，有 9 家是养老基金。[③] 养老基金的平均规模

① 2020 年机构资产所有者所持有的资产规模小于 2022 年的规模，此处，由于数据的可得性，用 2020 年数据来分析机构资产所有者所持资产的占比情况。

② Willis Towers Watson, *The Asset Owner 100, The Most Influential Capital on the Planet, 2021*, https://www.thinkingaheadinstitute.org/research-papers/the-asset-owner-100-2021/.

③ Willis Towers Watson, *The Asset Owner 100, The Most Influential Capital on the Planet, 2021*, https://www.thinkingaheadinstitute.org/research-papers/the-asset-owner-100-2021/, 26.

为1880亿美元，低于全球100强机构资产所有者2350亿美元的平均资产规模，主要原因是主权财富基金的规模普遍更大。

2021年，全球最大的十家养老基金为：日本的政府养老投资基金（GPIF）、韩国的国民年金（National Pension）、荷兰的汇盈资产（APG）、美国的联邦退休储蓄投资委员会（Federal Retirement Thrift Investment Board）、中国的全国社保基金理事会（National Council for Social Security Fund of The People's Republic of China）、美国的加利福尼亚州公务员退休体系（California Public Employees' Retirement System）、加拿大养老金计划投资公司（Canada Pension Plan Investments，CPPI）[①]、新加坡的中央公积金（Central Provident Fund）、荷兰养老基金（PGGM）、加拿大的魁北克省养老基金（CDPQ）。[②]

2020年末，22个国家和地区[③]养老金占GDP的比例达到80%。其中，荷兰的养老金占GDP的比例最高，达到214%；加拿大紧随其后，达到192%；之后依次为澳大利亚、瑞士、美国、英国，分别达到175%、164%、157%、135%。在过去10年，养老金占GDP的比例上升较快的依次为荷兰、澳大利亚、美国、加拿大，分别提高了93个、62个、55个、55个百分点；仅巴西下降1个百分点。

三　主权财富基金概况

主权财富基金（Sovereign Wealth Fund，SWF）是国家拥有的投

---

① 加拿大养老金计划（CPP）的管理机构为加拿大养老金计划投资公司（Canada Pension Plan Investments，CPPI），在2019财年（包括2019财年）之前为加拿大养老金计划投资委员会（Canada Pension Plan Investment Board，CPPIB）。

② Willis Towers Watson，*The Asset Owner 100*，*The Most Influential Capital on the Planet*，*2021*，https：//www. thinkingaheadinstitute. org/research-papers/the-asset-owner-100-2021/，27.

③ 此处的22个国家和地区是韦莱韬悦发布的《养老基金资产研究报告》系列的研究对象，22个国家和地区指澳大利亚、巴西、加拿大、智利、中国内地、芬兰、法国、德国、中国香港、印度、爱尔兰、意大利、日本、马来西亚、墨西哥、荷兰、南非、韩国、西班牙、瑞士、英国、美国。资料来源：Willis Towers Watson，*Global Pension Assets Study-2021*，https：//www. thinkingaheadinstitute. org/research-papers/global-pension-assets-study-2021/。

资基金或实体，一般由以下资金来源构成[①]：①国际收支盈余；②官方外汇储备；③私有化收益；④政府转移支付；⑤财政盈余；⑥资源出口收入。主权财富基金不包括：①由货币主管部门持有的传统国际收支账户，或基于货币政策原因形成的外汇储备；②传统意义上的国有企业；③政府雇员养老基金（由雇员和雇主缴费形成的养老基金）；④个人作为受益人的在管资产。

SWFI 把主权财富基金分为以下几类：①稳定基金；②未来储备基金；③养老储备基金；④储备投资基金；⑤战略发展主权财富基金（SDSWF）。每个主权财富基金都有独特的创立原因，因而每个基金都有特别的目标。一般而言，主权财富基金有以下目标：①保护和稳定预算和使经济免于受到收入或出口过度波动的影响；②确保来自不可再生能源的大宗商品出口收入的多元化；③获取比持有外汇储备更高的回报；④辅助货币当局分散多余的流动性；⑤为未来代际增加储蓄；⑥支持社会和经济发展；⑦获取来自目标国家的可持续长期资本增长收益；⑧贯彻政治战略。主权财富基金可能基于不同的法律法规建立，包括宪法、财政法、公司法、其他法律和法规。自 2005 年以来，已经有至少 40 家主权财富基金被创立，全球主权财富基金规模呈火箭式上升，主要由大宗商品价格上涨，特别是由油气价格的大幅上涨所推动。

主权财富基金规模在全球 100 强机构资产所有者中的占比达到 35%，数量占比为 18%，主权财富基金平均规模为 4490 亿美元，高于 100 强机构资产所有者平均规模。在 20 强机构资产所有者中，主权财富基金有 10 家。[②]

---

① SWFI (swfinstitute. org), *What Is a Sovereign Wealth Fund*? https: //www. swfinstitute. org/research/sovereign-wealth-fund.

② Willis Towers Watson, *The Asset Owner 100, The Most Influential Capital on the Planet, 2021*, https: //www. thinkingaheadinstitute. org/research-papers/the-asset-owner-100-2021/, 29.

2021年，全球最大的十家主权财富基金为[①]：挪威政府全球养老基金（Government Pension Fund Global，GPFG[②]）、中国投资有限责任公司（China Investment Corporation，CIC）、阿布扎比投资局（Abu Dhabi Investment Authority，ADIA）、中国国家外汇管理局中央外汇业务中心（SAFE Investment Company）、科威特投资局（Kuwait Investment Authority，KIA）、新加坡政府投资公司（GIC Private Limited，GIC）、中国香港金融管理局投资组合（Hong Kong Monetary Authority Investment Portfolio）、沙特阿拉伯公共投资基金（Public Investment Fund/Sanabil Investments，SIA）、卡塔尔投资局（Qatar Investment Authority，QIA）、迪拜投资公司（Investment Corporation of Dubai，ICD）。

四　外包投资机构概况

外包投资机构代表外包首席投资官，或者更广义上，代表外包投资管理机构。[③] 一些资产所有者将部分或全部投资功能外包给第三方机构，例如资产管理公司、投资咨询机构、外包的CIO服务提供商，资产所有者只保留对战略资产配置层面的控制。

2021年，外包投资机构在全球100强机构资产所有者规模中的占比达到7%，数量占比达到9%，平均规模为1860亿美元，低于全球100强机构资产所有者平均规模[④]；在20强机构资产所有者中，仅美世（Mercer）一家入围。

2021年，全球前十大外包投资机构几乎全部来自美国，包括：美

---

① Willis Towers Watson, *The Asset Owner 100, The Most Influential Capital on the Planet, 2021*, https://www.thinkingaheadinstitute.org/research-papers/the-asset-owner-100-2021/, 30.

② GPFG的投资管理机构为挪威央行投资管理部（Norges Bank Investment Management，NBIM）。

③ Russell Investments, *What Is OCIO?* https://russellinvestments.com/us/blog/what-is-ocio.

④ Willis Towers Watson, *The Asset Owner 100, The Most Influential Capital on the Planet, 2021*, https://www.thinkingaheadinstitute.org/research-papers/the-asset-owner-100-2021/, 32.

世（资产规模为3670亿美元）、高盛集团（Goldman Sachs Group）、怡安翰威特（AON Hewitt）、罗素投资（Russell Investments）、道富全球咨询（State Street Global Advisors）、韦莱韬悦、贝莱德、SEI机构集团（SEI Institutional Group）、北方信托（Northern Trust），以及澳大利亚的Nulis Nominees（Australia）Limited。[①]

五 基金会和捐赠基金

基金会和捐赠基金在全球机构所有者中规模普遍较小，2020年，没有一家基金会或捐赠基金进入全球100强机构资产所有者名单。

2021年，全球前十大基金会和捐赠基金为：比尔及梅琳达·盖茨基金会（Bill & Melinda Gates Foundation，资产规模为500亿美元）、哈佛大学捐赠基金（Harvard Management Company）、维康信托（Wellcome Trust）、耶鲁大学捐赠基金（Yale University Investment fund）、斯坦福大学捐赠基金（Stanford Management Company）、美国全国农村公用事业合作金融公司（National Rural Utilities Cooperative Finance Corporation）、普林斯顿大学捐赠基金（Princeton University Investment Company）、霍华德·休斯医学研究所（Howard Hughes Medical Institute）、礼来捐赠公司（Lilly Endowment Inc.）、麻省理工学院捐赠基金（Massachusetts Institute of Technology Investment Management Company）。[②]

六 保险公司概况

保险公司也是机构资产所有者中的重要一员。

---

① Willis Towers Watson, *The Asset Owner 100, The Most Influential Capital on the Planet, 2021*, https://www.thinkingaheadinstitute.org/research-papers/the-asset-owner-100-2021/, 33.

② Willis Towers Watson, *The Asset Owner 100, The Most Influential Capital on the Planet, 2021*, https://www.thinkingaheadinstitute.org/research-papers/the-asset-owner-100-2021/, 35.

2021 年，全球规模最大的十家保险公司为：中国平安集团、德国安联集团（Allianz Group）、法国安盛集团（AXA Group）、美国保德信金融集团（Prudential Financial, Inc.）、美国伯克希尔·哈萨维公司（Berkshire Hathaway Inc.）、美国大都会人寿集团（MetLife, Inc.）、英国法通保险公司（Legal & General Group Plc）、日本生命保险公司（Nippon Life Insurance Company）、加拿大宏利人寿保险公司（The Manufacturers Life Insurance Company）和宏利金融集团（Manulife Financial Corporation）。①

七　个人资产所有者概况

皮凯蒂在《21 世纪资本论》中给出了一些数据：全球 45 亿成年人拥有 350 万亿美元的资产。按照资产拥有数量从高到低排列，最上层的 0.1%的人口拥有 59 万亿美元，相当于全球资产的 17%；最上层的 1%的人口拥有 175 万亿美元，相当于全球资产的 50%；接下来 49%的人口拥有剩下的 175 万亿美元，相当于全球资产的 50%；也即全球财富前 50%的人口拥有了全球几乎全部资产。②

财富最多的前 1%人口拥有的 175 万亿美元资产绝大部分都是继承的，这些资产中的一部分可能体现在家族办公室、家族信托中。接下来 49%人口拥有的 175 万亿美元的资产大部分是贯穿“生命周期”的财富，储蓄流入主要用来匹配退休前后的支出，也即体现在养老基金、公募基金中。

第二节　资产管理者

韦莱韬悦估计，2020 年底，全球规模较大的前 500 家资产管理

① Willis Towers Watson, *The Asset Owner 100*, *The Most Influential Capital on the Planet*, *2021*, https://www.thinkingaheadinstitute.org/research-papers/the-asset-owner-100-2021/, 37.

② 〔法〕托马斯·皮凯蒂：《21 世纪资本论》，巴曙松等译，中信出版社，2014。

者的资产管理规模为 119.5 万亿美元。[①] 2011 年，全球规模较大的前 500 家资产管理者中已经有一半掉出榜单，显示出资产管理行业竞争激烈。北美的资产管理规模最大，达到 70.6 万亿美元；欧洲（包括英国）的规模次之，为 34.8 万亿美元；日本为 6.2 万亿美元；世界其他地区为 7.9 万亿美元。

资产管理行业集中度很高，全球规模较大的前 20 家资产管理者管理总行业规模的 44%，前 50 家资产管理者管理总规模的 65%。全球规模较大的前 500 家资产管理者管理规模的中位数为 590 亿美元。2015~2020 年的平均年化增长速度（以本币计）较快的五个市场为印度、中国内地、挪威、巴西、南非，增速分别为 22%、21%、18%、12%、10%；接下来为美国、加拿大、韩国、中国香港、英国，增速分别为 10%、9%、9%、8%、7%。

从客户来看，较大客户为非政府退休计划、保险公司、政府退休计划、主权财富基金、基金会和捐赠基金、央行、其他客户，管理规模分别为 13.93 万亿美元、4.0 万亿美元、3.6 万亿美元、1.1 万亿美元、0.8 万亿美元、0.5 万亿美元、8.1 万亿美元。为高净值人群管理的资产为 1.98 万亿美元，规模高于主权财富基金的托管规模。

2021 年，在全球较大的 20 家资产管理者中，银行系占 7 家，保险系占 2 家，独立资产管理机构为 11 家。2021 年，全球前十大资产管理机构名称及规模为：贝莱德，8.68 万亿美元；先锋集团，7.15 万亿美元；富达投资，3.61 万亿美元；道富全球（State Street Global），3.47 万亿美元；德国安联集团，2.93 万亿美元；摩根大通（J.P. Morgan Chase），2.72 万亿美元；美国资本集团（Capital Group），2.38 万亿美元；纽约银行梅隆公司（BNY Mellon），2.21 万亿美元；高盛集团，2.15 万亿美元；东方汇理（Amundi），2.13

---

① Willis Towers Watson, *The World's Largest 500 Asset Managers—A Thinking ahead Institute and Pensions & Investments Joint Study | October 2021, PI-500-2021*, https://www.thinkingaheadinstitute.org/content/uploads/2021/10/PI-500-2021.pdf.

万亿美元。[①]

在主动与被动管理方面，2020 年，采取被动管理策略的资产规模为 8.3 万亿美元，在总规模中的占比为 26%；采取主动管理策略的资产规模为 23.7 万亿美元，占比为 74%。

就中国的情况而言，根据吴晓灵等提供的数据，2019 年，我国大资管体系的资产管理总规模为 94.64 万亿元，按照管理资产规模由大到小排列，资产管理机构类型依次为：银行理财（22.18 万亿元）、信托计划（21.60 万亿元）、公募基金（14.77 万亿元）、私募基金（13.74 万亿元）、证券资管（10.83 万亿元）、基金专户（4.34 万亿元）、基金子公司（4.19 万亿元）、保险资管（2.99 万亿元）。[②]

---

① Willis Towers Watson, *The World's Largest 500 Asset Managers—A Thinking ahead Institute and Pensions & Investments Joint Study* | *October 2021*, *PI-500-2021*, https://www.thinkingaheadinstitute.org/content/uploads/2021/10/PI-500-2021.pdf.

② 吴晓灵、邓寰乐等：《资管大时代》，中信出版集团，2020。

第二章　机构投资者资产管理全流程介绍

第一节　机构投资者的资产管理全流程一般经验

本节主要梳理基于国内外的机构投资者的投资流程的经验而总结的一般规律。

一　投资流程的概念及意义

熊军认为，投资流程是投资过程中各种规范、制度和程序的总称，是影响投资业绩的重要因素。[①] 严格的投资流程通过一系列制度和程序来规范投资决策和投资行为，使整个投资过程具有可重复性，控制主观随意性带来的投资风险，为取得长期、稳定的优良业绩提供可靠保证。史文森认为，如果没有严格的投资步骤、全面的投资分析、严格的政策落实，组合操作就变成了“跟着潮流走”。[②] 资产受托人希望在任职期间创造良好业绩，而基金经理则寻求工作保障，两者的目标均与机构的长期目标存在差异；高效的投资步骤（流程）可以起到“求同存异”的效果，缩小投资人与组合管理者的利益差异。严谨的流程才能保证投资建议得到清晰的阐述，使投资决策规范化，避免轻率做出决策。例如，进行资产配置决策时，投资管理

① 熊军：《养老基金投资管理》，经济科学出版社，2014，第506~507页。

② 〔美〕大卫·F. 史文森：《机构投资的创新之路》，张磊等译，中国人民大学出版社，2015，第275~285页。

人员必须基于严谨的逻辑分析框架，才有可能提出有据可依的投资建议。

从投资流程覆盖的主要内容来看，熊军认为，典型的投资过程包括以下步骤：研究宏观经济、资本市场、行业和公司；制定资产配置决策，确定投资组合中各类资产比例，明确各类资产的投资基准；按照既定标准选择资产，构建投资组合；交易；管理投资风险；评价投资组合业绩；根据变化情况调整投资组合。[①] 投资过程中各个业务环节是影响投资业绩的重要变量。同样的投资理念和投资策略并不一定产生相同的投资业绩，投资流程在其中产生影响。按照投资环节，投资流程还可以进一步细分为：研究流程、投资决策流程、组合构建流程、交易流程、风险管理流程、业绩评价流程、组合调整流程。

从投资决策的层次来看，埃利斯构建了一个投资流程的框架，主要包括五个等级：第一等级为确定长期目标和资产组合；第二等级为确定股票组合中各类股票的比例；第三等级为选择投资组合的执行方法（是主动管理还是被动管理）；第四等级为决定哪个共同基金能够管理组合的各组成部分；第五等级为主动的投资组合管理（选择具体股票）。埃利斯认为第一等级是代价最小、最有价值的，但是，多数投资者将精力过多集中在代价最高、最不可能创造价值的最后两个等级，特别是聚焦“战胜市场”的第五等级。[②]

史文森将投资流程对应决策会议，认为高效的机构投资者一定会关注长期政策目标，年度会议进行政策决策，其最重要议程是进行资产配置评估。[③] 每个财年后的例会进行战略决策，对投资组

---

① 熊军：《养老基金投资管理》，经济科学出版社，2014，第 506~507 页。

② 〔美〕查尔斯·D. 埃利斯：《赢得输家的游戏》（原书第 5 版），王茜、笃恒译，机械工业出版社，2010，第 91~92 页。

③ 〔美〕大卫·F. 史文森：《机构投资的创新之路》，张磊等译，中国人民大学出版社，2015，第 290 页。

合与基金业绩进行全面评估，给过去的表现“打分”，以便查漏补缺，在将来取得更好成绩。中间的两次季度会议进行战术（交易）决策，对个别资产类别以及市场热点机会进行深入分析和探讨。长期坚持投资流程不仅可以为做出有效的投资决策构建良好的框架，而且避免投资决策委员会成员和基金管理人因一时冲动酿成大错。

从投资流程在职能部门的分工来看，熊军指出，投资决策委员会是投资机构的最高投资决策机构，以定期或不定期会议的形式讨论和决定重大投资事项。[①] 投资决策委员会通常由公司董事长、总经理、分管业务的副总经理、相关业务部门负责人组成，采用记名投票表决方式形成决议。风险管理委员会负责评估重要投资计划和重大项目的风险，提出风险管理建议，报告投资决策委员会，以供投资决策委员会参考。风险管理委员会以定期会议和不定期会议的形式开展活动，参会人员包括负责风险管理的高管、首席风险官（CRO）、相关业务部门负责人等。

熊军认为，投资机构通常按照决策重要性分配决策权限。重要决策由投资决策委员会和风险管理委员会讨论决定，重要决策包括投资方针、投资方向、投资原则、投资策略、资产配置、重要项目投资等；一般决策由投资决策委员会授权负责组合管理的基金经理或部门负责人决定，报投资决策委员会或投资总监备案，一般决策包括组合管理的品种选择和交易时机等。[②] 对于重要投资决策的具体流程，通常首先由业务部门或研究部门在充分研究分析的基础上提出建议，建议包括聘请咨询公司或律师事务所等中介机构完成的可行性研究报告和风险评估报告。建议经过风险管理委员会或风险管理部门的评估后，被提交投资决策委员会审议和决定。

---

① 熊军：《养老基金投资管理》，经济科学出版社，2014，第 512 页。
② 熊军：《养老基金投资管理》，经济科学出版社，2014，第 512~513 页。

二　设定投资流程的注意事项

史文森认为，投资决策中面临的主要挑战如下。一是短期思维，基金经理迫于短期业绩排名压力而将短期投资业绩作为主导思想；或者由于担心短期业绩排名垫底，而采取贴近指数的操作策略；或是采取虚报基金价值等非常极端的做法。二是基于共识的投资行为，与共同基金贴近指数的行为类似，基金经理进行配置时参照同类机构的投资政策，以避免由于采用非常规操作而在失败时丢掉饭碗。三是错失逆向投资机会，基金经理不敢对一时受到市场低估的项目进行投资，担心市场质疑，不能克服从众心理，往往急功近利，错失优质投资机会。①

史文森从大学捐赠基金的视角提出设立投资流程的注意事项。一是以书面形式提交投资建议，这是交流投资思想很有效的方式。投资管理人通过起草投资建议可以发现逻辑错误或知识盲点，而且会力求论点清晰、论据充分、论证严谨。二是投资决策小组人数不宜过多。应该由 3~4 人组成，原因在于参与决策人数的增加将提高妥协和“共识”思维的可能性。如果投资管理人员较多，建议将其分成若干决策小组，分别管理不同的资产类别。三是投资理念超前，在更广的范围内利用市场机会，例如，通过关注另类资产类别，机构可以有更大的机会建立满足自身需要的组合。提前一步考虑所谓主流之外的投资机会，可以帮助机构发现下一个市场热点。四是全球化视野有利于加强对投资机会的理解和把握，为狭窄的国内市场提供有价值的参照系。全球化视野可以增加投资者的投资机会，提高其成功概率。五是避免官僚作风。避免将投资流程变成官僚式的程序，领导者应该建立决策框架，鼓励那些非同寻常甚至有争议的思路，这样才能为成功的投资打下基础。六是在机构设置方面，大

① 〔美〕大卫·F. 史文森：《机构投资的创新之路》，张磊等译，中国人民大学出版社，2015，第 293~300 页。

学捐赠基金最好不要独立于大学，否则基金经理的归属感会下降，“精神收入”下降，就需要提高物质收入；而且大学捐赠基金与大学很好地融合，也有助于为学校整体发展做出贡献。对于大学捐赠基金这样工资受限的机构，最好重视激励薪酬，以使基金经理与大学捐赠基金的目标一致，并且有助于缩小其薪酬与市场及私人部门薪酬的差距。七是投资决策不同于企业经营决策，要警惕企业家对投资决策的负面影响：企业家往往难以克服“奖励成功、惩罚失败”的思维，这种已经根深蒂固的办事作风会将投资组合推向追涨杀跌，从而失去获得逆向投资策略的收益机会。①

熊军认为，投资流程对投资业绩的影响是长期的、间接的，其影响程度和效果不容易被直接观察。② 投资者容易忽视严格投资流程对于促进投资决策科学化和系统化的价值。投资流程对业绩的影响不仅与各个投资环节的制度和程序有关，还取决于相关制度和程序在投资过程中是否被严格遵守。但是，如何评价投资流程还没有一套公认的标准和方法。后文我们将以国际上著名的机构投资者的投资管理全流程为例来进行分析。

第二节　机构投资者的资产管理全流程管理案例

加拿大养老金计划投资公司（CPPI）在投资管理流程中，把不同权限的事项分为不同层级，由董事会、管理层、投资团队不同层面的机构来执行相关事项（见图 2-1）。

一　董事会主要对投资策略有重大影响的事项进行审批管理

一是风险偏好与风险政策。这是董事会年度批准的内部文件内

---

① 〔美〕大卫·F. 史文森：《机构投资的创新之路》，张磊等译，中国人民大学出版社，2015，第 278~281 页。

② 熊军：《养老基金投资管理》，经济科学出版社，2014，第 507 页。

容。董事会负责批准下一财年的绝对风险操作区间（AROR）。AROR 规定了投资组合总风险可以相对于参照组合的偏离区间，而这一偏离区间内的投资操作不需要再经过董事会的特别批准。

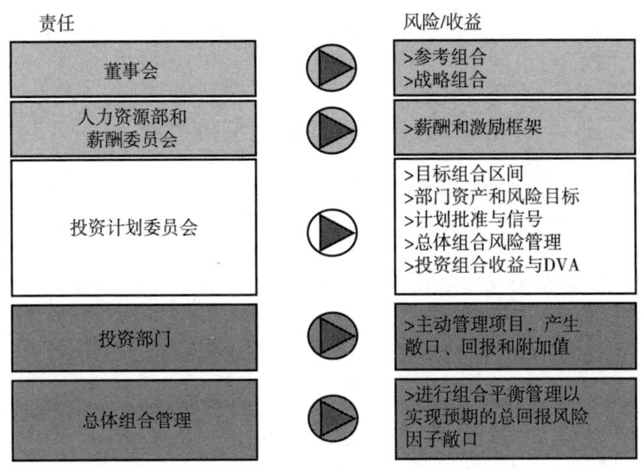

图 2-1 风险/收益责任框架

资料来源：CPPI 年报。

二是参考组合。基于首席精算师计算，管理层每三年回顾并重新制定参考组合。参考组合是简单、低成本、可投资的组合，具有合适的风险水平。投资组合的长期平均的绝对总风险应与参考组合一致。参考组合也是投资组合总净回报的基准。

三是业务计划。这是每个部门的年度计划，包括对战略组合和目标组合范围的确定与调整。

四是投资陈述。这是董事会年度批准的外部文件。其每年在网站上公布，规定了投资组合的投资目标、政策、长期回报预期、风险管理。

董事会也负责批准以下事项：超过授权范围的投资、任命外部管理人等。董事会确定的事项在整个组织中被落实。

二 投资框架在整个组织的贯彻

投资决策流程体现在，由董事会确定的重要事项及由其执行传递到整个组织架构中：从参考组合的确定到战略组合的确定，再到目标组合的确定，最后制订商业计划，在投资部门、投资小组、雇员个人各个层级贯彻落实（见图 2-2）。

图 2-2　CPPI 遵循的投资框架

资料来源：CPPI 年报。

整个投资流程涉及以下关键部门。

（一）投资计划委员会

投资计划委员会（Investment Planning Committee，IPC）是高级管理层的最重要委员会之一。IPC 向董事会建议风险政策和其他治理因素，负责控制董事会批准治理框架之内的总组合收益——风险敞口。IPC 也负责批准所有投资部门的投资计划和信号，并将投资计划呈递 CEO 批准。IPC 接收、考虑各部门及 IPC 各子委员会提交的建议，并负责提供或批准以下内容：投资风险的治理、目标、评价、管理。

此外，IPC 负责批准以下事项：平衡和最优化三种回报来源（多元化、投资选择、战略偏离）的长期战略；定义和识别投资组合中重要风险收益因子；对新兴市场敞口、气候变化、可持续投资条例等其他更广泛事项的管理方法；对于多种形式杠杆的恰当使用及其界限规定；新投资项目及授权，以及限制项目；关键模型及方法论的原则及框架。

IPC 也负责监督投资组合的表现及风险敞口，评价项目成功与否。IPC 下设两个子委员会：一个负责战略偏离；另一个负责流动性，即负责基金的总流动性监控。CPPI 可以通过发行商业票据和中期票据以及其他方式融资，为基金流动性管理提供灵活性。

（二）风险管理部门

风险管理部门向董事会、高级管理团队及 IPC 独立提供风险评价信息。这些评估包括对于重大事件的潜在风险的敏感性分析以及历史和前瞻压力测试。例如，建立模型分析 2008~2009 年全球金融风险及英国“脱欧”事件的影响。

CPPI 用包括在险价值（Value at Risk）在内的多种统计方法衡量市场总风险水平，包括总组合在特定时间范围内的股票、货币、利率和其他风险。其中一个重要风险是信用风险，主要是 CPPI 的外部贷款的违约风险，以及合同的对手方风险。风险管理的具体内容见第七章。

（三）交易批准机构

CEO 设立投资管理机构（Investment Management Authority），其负责对超过一定规模的交易进行批准，这分别由两个委员会负责：一是信贷投资委员会（Credit Investment Committee，CIC），负责信贷相关投资及对手方交易；二是投资部门决策委员会（Investment Departments Decision Committee），负责其他所有类型的交易。超过一定规模的交易要获得来自董事会投资委员会的批准。

（四）投资部门与工作组

投资部门与工作组的主要职责包括：一是在 IPC 及投资部门的总组合敞口指引下，提议或拒绝新战略，对现有战略进行重新定位；二是对投资机会及投资合伙人进行识别、获取、选择；三是负责完成单个投资交易；四是负责主动管理组合中的项目的落实执行情况。

第三章　机构投资者的公司治理结构

第一节　公司治理基本理论及董事会设置

仲继银在《董事会与公司治理》一书中将公司治理区分为狭义的公司治理和广义的公司治理。[①] 狭义的公司治理，是指所有者（主要是股东）对经营者的一种监督与制衡机制，即通过一种制度安排，来合理地界定和配置所有者与经营者之间的权利与责任关系。公司治理的目标是保证股东利益的最大化，防止经营者与所有者利益背离。其主要特点是通过股东大会、董事会、监事会及经理层所构成的公司治理结构进行内部治理。广义的公司治理，是指通过一整套正式或非正式的、内部的或外部的制度来协调公司与所有利益相关者（股东、债权人、职工、潜在的投资者等）之间的利益关系，以保证公司决策的科学性、有效性，从而最终维护公司各方面的利益。

仲继银指出，不论董事、经理还是控股股东，作为“实际控制人”，都是在对公司进行一种“内部人控制”。[②] 良好的公司治理就是要把这些内部人实际控制权的私人收益降到最低。公司治理的宗旨是，让内部人自觉利用掌握的信息，与公司重要外部人和大多数利益相关者保持利益一致。如果内部人利用掌握的信息并以损害公

---

① 仲继银：《董事会与公司治理》，中国发展出版社，2014，第 10~12 页。

② 仲继银：《董事会与公司治理》，中国发展出版社，2014，第 13 页。

司重要外部人和利益相关者为代价来谋取私人利益，则是失败的公司治理。

董事会是建立有效公司治理结构的关键环节。仲继银将处于不同司法辖区和不同商业环境下的世界各国的董事会归纳为以下三种主要类型。[①]

第一种是单层董事会。执行董事与非执行董事都由股东直接选举产生，二者被纳入单一结构里，以确保所有董事都有平等地位。这一种类型下的公司治理结构分为三个层级：股东大会、董事会、经理层。股东大会选举董事组成董事会，董事会代表股东利益监控公司运作。美国和绝大多数欧洲国家采用这种单层董事会架构。

第二种是纵向双会制。“监督董事会”或者“上层”董事会由股东选举产生，成员全部为非执行董事；“上层”董事会再选聘产生“下层”董事会或者“管理董事会”，成员全部为执行董事。采用纵向双会制的以德国为代表，监督董事会负责任命、监控和指导“下层”董事会或管理董事会的成员，“下层”董事会或管理董事会负责管理公司。这一种类型下的公司治理结构的特点是“监督董事会”或“上层”董事会拥有任命和撤换“下层”董事会或“管理董事会”成员的权力，这使其与独立董事日益增多的单层董事会之间在功能上趋同。

第三种是设立董事会和监事会，两者均由股东选举产生，地位平等，谁也不能撤换谁。董事会主要执行管理职能，同时拥有对经理层的监控职能；监事会没有管理职能，拥有对董事会和经理层进行监督的职能。中国大陆、中国台湾、日本公司多采用这种治理架构。

在董事会内部设置一些独立的专业委员会是全球公司治理的一

① 仲继银：《董事会与公司治理》，中国发展出版社，2014，第 53~56 页。

个重要趋势，这些董事会专业委员会有助于董事会更有效地发挥监督和制衡作用。常见的董事会专业委员会包括：执行委员会（在董事会闭会期间作为董事会的代表机构行使职权）、审计委员会（负责对公司的经济运作、财务报告流程和内部控制进行审计监督，与外部独立审计师保持沟通）、投资委员会、薪酬委员会、提名委员会、公司治理委员会、财务委员会等。董事会以会议的形式来行使权力，董事长的任务是召集董事会成员、主持董事会会议。

首席执行官（CEO）是公司行政和执行体系的领导者，一般来说，对董事会负责。首席执行官下设首席运营官（COO）、首席财务官（CFO）、首席技术官（CTO）、首席风险官（CRO）、首席策略官（CSO）等，这些高管可能由 CEO 聘任，也可能由董事会与 CEO 共同聘任。对于机构投资者而言，董事会中的投资委员会和高管团队中的首席投资官（CIO）非常重要。

第二节　机构投资者公司治理结构案例及启示

本节将介绍比较有代表性的三家机构的治理结构，分别是汇报层级比较多的挪威政府全球养老基金（GPFG）、美国得克萨斯州教师退休体系（TRS）、作为相对独立的“加拿大模式”代表的加拿大养老金计划投资公司（CPPI）三家机构的治理结构。

一　挪威政府全球养老基金决策路线

挪威政府全球养老基金决策路线的层级较多，包括挪威议会、财政部、央行（Norges Bank）、央行下设的投资管理部（NBIM）[①]。

首先，挪威议会设定 GPFG 的框架；其次，财政部对 GPFG 全

① Norwegian Government Security and Service Organisation（GSSO），“Governance Framework-GPFG-regjeringen. no，” https：//www. GPFG. no/en/organisation/governance-model/，关于各决策层级在风险管理中所发布的规定见本书第七章第二节。

权负责，并发布 GPFG 管理指引；再次，挪威央行负责管理 GPFG，央行董事会委托 GPFG 的 CEO 运营 GPFG，央行董事会制定风险管理、责任投资、雇员薪酬规则；最后，挪威央行投资管理部的首席执行官负责执行董事会制定的要求，CEO 领导 GPFG 的管理层制定政策并执行。汇报路线：挪威央行投资管理部向挪威央行董事会汇报，挪威央行向财政部汇报，财政部向挪威议会汇报（见图 3-1）。

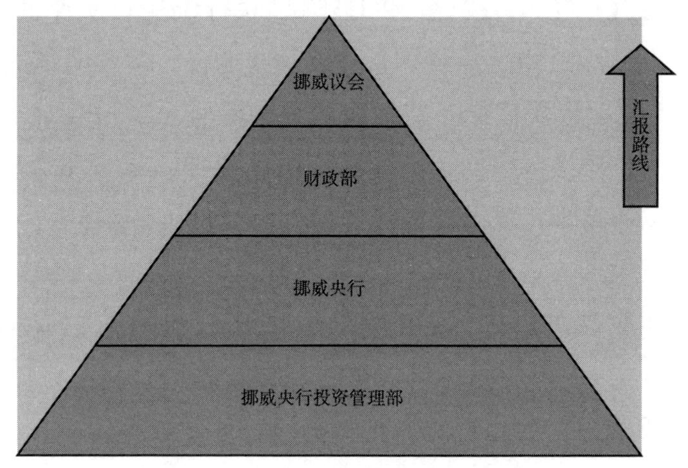

图 3-1　挪威 GPFG 的汇报路线

资料来源：Norwegian Government Security and Service Organisation (G. S. S. O.), "Governance Framework-GPFG-regjeringen. no," https://www.GPFG. no/en/organisation/governance-model/。

二　美国得克萨斯州教师退休体系的公司治理结构

（一）理事会构成

得克萨斯州教师退休体系是独立的法人实体，也是得克萨斯州政府的一个组成部分。该体系由理事会管理，在州法律和法规的管辖下，在运营和管理上有相当大的独立性。根据得克萨斯州相关法律法规（Article XVI, Section 67 of Texas Constitution）[①]，TRS 投资方面的受托责任主要由理事会（Board of Trustees）承担。理事会的主要职能包括确立投资目标与投资政策，寻求专业的建议与协助，监督投资团队、投资管理部和法律团队的招聘行为。此外，理事会还需监督雇员以及顾问的行为，以确保其合规。理事会下设政策委员会（Policy Committee）、投资委员会（IMD Committee）和风险管理委员会（Risk Management Committee）。

理事会由 9 位成员构成，包括 1 位理事长、1 位副理事长、7 位理事。理事全部由州长根据州法规任命，其中：3 位直接由州长任命；2 位产生于州教育委员会提名的名单中；2 位产生于 3 位候选人之中，这三位候选人来自公立学校、特许学校、区域服务中心，并由这些地点所在街区委员会提名；1 位产生于 TRS 退休人员提名的 3 位退休成员候选人之中；1 位产生于 3 位候选人之中，这三位候选人提名自公立或特许学校、区域服务中心、高等教育机构或 TRS 退休人员。

理事任期为 6 年，奇数年的 8 月 31 日为到期日。理事任期交错，在 2019 年的理事会成员中，有 3 位的任期到 2019 年结束，3 位任期到 2021 年结束，3 位任期到 2023 年结束。

（二）管理团队

如图 3-2 所示，TRS 的管理团队中，执行董事向理事会负责，执行董事下设副董事、首席投资官、首席律师、首席健康保险官、政府关系总监、首席待遇官、首席策略官，由副董事直接管理首席信息官、首席人力资源官、首席财务官、项目管理总监。

---

① Justia, *Article 16-General Provisions*, *Section 67-State and Local Retirement Systems*, https://law.justia.com/constitution/texas/sections/cn001600-006700.html#:~:text=Article%2016%20-%20GENERAL%20PROVISIONS%20Section%2067%20-,benefits%20must%20be%20based%20on%20sound%20actuarial%20principles.

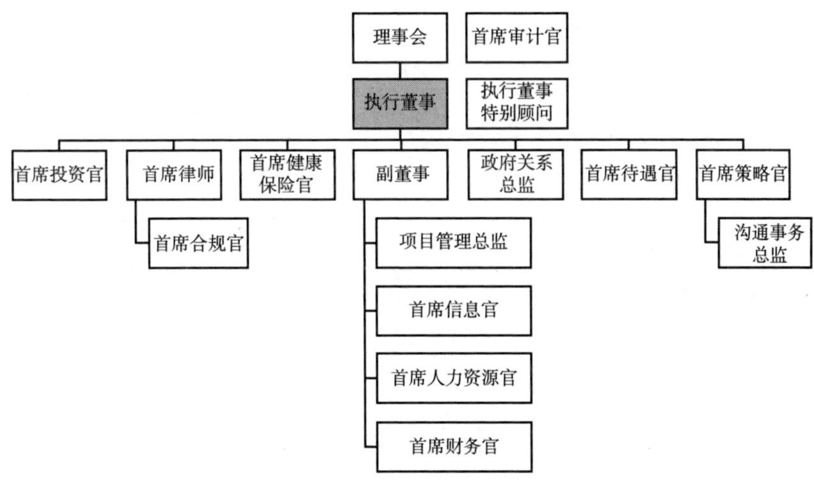

图 3-2　TRS 组织架构

资料来源：TRS 年报。

TRS 的治理机制中，雇员和咨询顾问都非常重要。工作不仅依赖内部雇员，也大量外包给第三方咨询机构。咨询机构包括投资咨询机构（各大类资产有不同的咨询机构）、精算咨询机构、国际税收及合规咨询机构、审计服务机构、信托法律咨询机构、医疗委员会、基金表现评估咨询机构等。以投资咨询为例，针对不同资产类别有不同的投资咨询机构（见表 3-1）。这意味着养老金体系带动了第三方金融服务机构的繁荣，而这些专业的服务机构在国内还处在刚刚起步阶段。

表 3-1　2018 年 TRS 雇用的投资咨询机构

投资咨询机构	咨询范围	公司所在地
Albourne America, LLC	绝对收益	三藩
BlackRock Investment Management, LLC	私募股权共投	纽约
Grosvenor Capital Management, LP	新兴管理人	芝加哥
Hamilton Lane Advisors, LLC	私募股权	三藩
LaSalle Investment Management, Inc.	地产	芝加哥
Parella Weinberg Partners Capital Management, LP	能源和自然资源	休斯敦

续表

投资咨询机构	咨询范围	公司所在地
The Rock Creek Group, LP	新兴管理人	华盛顿特区
The Townsend Group, Inc.	地产	克里夫兰
Valuation Research Corporation	私募投资估值	纽约
W. D. Von Gonten & Co.	油气	休斯敦

资料来源：TRS 年报。

三 CPPI 的董事会治理结构

（一）董事会在公司治理结构中的授权、职责与目标

董事会负责监督首席执行官与进行风险管理，并负有以下职责：

（1）任命总裁和 CEO，对其工作进行年度检查；

（2）监督高管层的继任规划；

（3）制订薪酬计划，批准高管薪酬方案；

（4）与高管层合作，决定组织的战略方向；

（5）检查并批准投资政策、标准和流程；

（6）批准投资风险目标和限额；

（7）批准投资交易指引以及保留外部投资管理人的指引；

（8）定期回顾投资组合及投资决策结果；

（9）回顾及批准年度经营计划和预算；

（10）任命外部审计；

（11）建立流程以识别和解决利益冲突；

（12）建立并监督董事及雇员的合规行为；

（13）评价董事会自身表现，包括对董事长和董事进行年度同业互查；

（14）制定与采购、隐私保护、旅行、费用支出相关的其他政策；

（15）回顾和批准季度及年度财务报告并进行年度报告的披露。

董事会的一项重要责任是保持这样一种治理模式，即 CPPI 与政府保持一定距离，仅负责进行投资授权。董事会应该确保 CPPI 的投资授权的实现不受政策、区域、社会或经济发展因素及其他非投资目标的影响。

（二）董事会的构成

董事会设有 5 个常务委员会：投资委员会（IC）、审计委员会（AC）、风险委员会（RC）、人力与薪酬委员会（HRCC）、公司治理委员会（GC）。风险委员会为 2019 财年新设立的委员会。

1. 投资委员会

投资委员会负责监督在董事会批准框架内的有关投资决策的核心业务。投资委员会评估投资政策，并向董事会提出投资政策建议。投资委员会也负责评估、批准、监督长期投资战略。此外，投资委员会负责评估组合风险容忍度，批准某些投资交易，批准对与 CPPI 规定相一致的外部投资管理人的聘用。所有董事会成员都是投资委员会成员。

2. 审计委员会

审计委员会负责建议董事会是否批准财务报表及《管理层讨论与分析》，监督外部和内部审计运作，监督内部审计人员的任命，也负责推荐须由全体董事批准的外部审计人员。审计委员会负责评估信息系统和内控政策与业务，还负责监督内部审计运作以及有关雇员养老计划的财务内容，也负责就法定的特别审查向董事会提议评估 CPPI 的各种记录、系统及业务，特别审查每 6 年进行一次。

3. 风险委员会

该委员会关注并监督风险管理，负责回顾及建立相关风险管理框架及分析适宜的风险构成成分，也负责回顾 CPPI 当前面临的和正在出现的关键风险。此外，风险委员会负责回顾重要的风险管理政策及这些政策的例外情况。

4. 人力与薪酬委员会

该委员会管理对 CEO 及高管层的表现评估流程，评估及提出薪酬框架，评估组织架构，监督管理层继任计划，也负责管理雇员福利与人力资源政策以及雇员养老金计划。

5. 公司治理委员会

该委员会确保 CPPI 在公司治理实践下运作，主要职责包括：监督行为准则的实施，建议对准则进行修订；就董事会履职有效性向董事会提出建议；监督董事继任计划、设计董事履职方向以及现任董事教育计划；评估董事任命及再任命的标准及资格；建议任命及再任命董事人选；建议董事薪酬标准；建立对董事长、独立董事、董事会委员会以及全体董事进行表现评估的流程，并参与评估。

每次例行规定的会议中，董事会全部委员会召开没有管理层参加的会议。审计委员会与外部审计、内部审计及首席财务官、首席风险官秘密会晤。此外，董事会也与总经理定期召开会议。

董事任期为 3 年，可以连任多期，董事替代采取交错结构。任命程序如下：财长就董事人选向各省财政厅征求意见，之后将人选推荐给联邦参议员理事，由其任命董事。

（三）董事薪酬（不同于高管薪酬）

董事薪酬哲学包括：领先的公司治理表现；丰富的国际经验，丰富的业务、财务或投资经验；匹配的岗位时间需求。具体包括以下原则。

薪酬中性化（Pay Neutrality）。薪酬本身并不应成为吸引或排斥候选人的唯一因素。董事薪酬有一个“门槛值”，中性化的薪酬意味着薪酬不是一个候选人加入 CPPI 董事会的重大影响因素。

公共目标（Public Purpose）。加拿大政府设立 CPPI 旨在服务于强制 CPP 的众多缴费者，董事薪酬应该有别于其他利润和股票导向的商业机构薪酬。董事薪酬应该反映董事工作量与时间投入，以及所需专业和经验，应与私人部门董事具有可比性，但是总报酬应该反映公共目标。

时间投入（Time Commitment）。董事薪酬设计应该反映时间投入和旅行要求。董事被期望持续投入在公司事宜中，而非仅限于准备和参加董事会及董事会委员会会议。薪酬结构应该反映额外增加的时间、旅行、会议，以及董事长的特殊作用。

相对基准（Relative Benchmark）。CPPI 是一家综合性全球投资管理机构，其同业为全球其他大型金融机构和大公司。董事薪酬基准应当考虑在以下三个目标市场候选人可以获得的其他董事职位机会：（1）养老基金和加拿大小型资产管理机构；（2）TSX 100（TSX 即多伦多股票指数）董事会及加拿大大型资产管理机构；（3）加拿大大型银行及英美资产管理机构。

相对于基准的适当折扣（Appropriate Discount to Benchmark）。正如第二个原则所讨论的，全职的市场薪酬并不能最恰当反映 CPPI 的公共目标。CPPI 董事薪酬会在市场薪酬上打 20%折扣。2019 财年 CPPI 董事薪酬见表 3-2。

表 3-2　2019 财年 CPPI 董事薪酬

单位：加元

董事	年薪	董事会及委员会会议费	公开会议费	差旅费	总薪酬
Ian Bourne	23750	24000	—	5500	53250
Robert Brooks	31889	31000	—	2500	65389
Ashleigh Everett	88750	75000	—	6000	169750
Tahira Hassan	70000	67000	—	2500	139500
Douglas Mahaffy	39892	30000	—	—	69892
John Montalbano	70000	86000	—	13000	169000
Heather Munroe-Blum*	245000	41000	2000	7000	295000

续表

董事	年薪	董事会及委员会会议费	公开会议费	差旅费	总薪酬
Mary Phibbs	96250	76000	—	17500	189750
Karen Sheriff	95000	70000	—	2500	167500
Jackson Tai	90000	52000	—	5000	147000
Kathleen Taylor	70000	61000	—	2500	133500
Chuck Magro	52500	46000	—	7500	106000
Jo Mark Zurel	88750	86000	1000	6000	181750
Sylvia Chrominska	40250	41000	—	—	81250
总计	1102031	786000 **	3000	77500	1968531

注：* 为董事会主席；Ian Bourne 于 2018 年 7 月 1 日不再担任董事；Robert Brooks 于 2018 年 9 月 4 日不再担任董事；Ashleigh Everett 于 2018 年 7 月 1 日被任命为公司治理委员会主席；Douglas Mahaffy 于 2018 年 10 月 26 日不再担任董事；John Montalbano 于 2019 年 1 月 1 日不再担任公司治理委员会成员；Mary Phibbs 于 2019 年 1 月 1 日被任命为审计委员会主席，于 2019 年 1 月 1 日不再担任人力与薪酬委员会成员，2019 年被任命为风险委员会无投票权成员；Karen Sheriff 于 2019 年 1 月 1 日被任命为公司治理委员会成员；Chuck Magro 于 2018 年 7 月 1 日被任命为董事会成员，于 2018 年 7 月 4 日被任命为投资委员会、公司治理委员会、审计委员会成员；Jo Mark Zurel 于 2019 年 1 月 1 日辞去审计委员会主席、人力与薪酬委员会成员，于 2019 年 2 月 13 日被任命为风险委员会主席；Sylvia Chrominska 于 2018 年 9 月 4 日被任命为董事会成员，于 2018 年 9 月 12 日被任命为投资委员会、人力与薪酬委员会成员，于 2018 年 9 月 18 日被任命为公司治理委员会成员；于 2019 年 1 月 1 日辞去公司治理委员会成员；** 这些会议费包括出席临时委员会和正式介绍会议的费用。

资料来源：CPPI 2019 财年年报。

（四）董事参会情况

董事参会情况是董事会治理质量的一个反映指标。以 2019 财年为例，CPPI 举行了 6 次董事会会议、5 次审计委员会会议、6 次人力与薪酬委员会会议、6 次公司治理委员会会议，各董事参会情况不同。此外，还有一些特别或专门的董事会会议及董事会临时召开会议（见表 3-3）。

表 3-3 2019 财年 CPPI 董事参会情况

董事	董事会会议	投资委员会会议	审计委员会会议	公司治理委员会会议	人力与薪酬委员会会议
Heather Munroe-Blum	10/10	13/13	—	—	—
Ian Bourne	3/3	4/4	—	3/3	3/3
Robert Brooks	4/4	6/6	2/2	4/4	—
Sylvia Chrominska	6/6	7/7	1/1	5/5	4/4
Ashleigh Everett	10/10	12/13	—	9/9	—
Tahira Hassan	10/10	12/13	—	9/9	8/8
Chuck Magro	6/7	9/9	4/4	6/6	—
Douglas Mahaffy	7/7	7/8	—	—	6/6
John Montalbano	10/10	13/13	5/5	8/8	—
Mary Phibbs	10/10	13/13	5/5	—	7/7
Karen Sheriff	10/10	11/13	—	1/1	8/8
Jackson Tai	7/10	9/13	4/5	7/9	—
Kathleen Taylor	10/10	12/13	5/5	—	8/8
Jo Mark Zurel	10/10	12/13	5/5	—	7/7

注：董事会会议包括 8 个现场会议和 2 个电话会议，投资委员会会议包括 6 个现场会议和 7 个电话会议，审计委员会会议包括 5 个现场会议，公司治理委员会会议包括 8 个现场会议和 1 个电话会议，人力与薪酬委员会会议包括 6 个现场会议和 2 个电话会议。

资料来源：CPPI 2019 财年年报。

四 CPPI 投资部门划分

CPPI 投资范围较广，其投资部门的划分对机构投资者具有一定参考意义。2021 财年[①]，CPPI 设有 6 个投资部门：总基金管理部（Total Fund Management，TFM）、资本市场与因子投资部（Capital

① 2019 财年，CPPI 对投资部门进行了较大幅度的调整，2021 财年在此基础上略有调整。本部分内容的资料来源为 CPPI 2019 财年年报和 2021 财年年报。CPPI, *Fiscal 2019 Annual Report*, https://www.cppinvestments.com/the-fund/our-performance/financial-results/f2019-annual-results; CPPI, *Fiscal 2021 Annual Report*, https://www.cppinvestments.com/the-fund/our-performance/financial-results/f2021-annual-results。

Markets and Factor Investing，CMF）、主动管理股权部（Active Equities，AE）、信用投资部（Credit Investments）、私募股权部（Private Equity，PE）、实物投资部（Real Assets，RA）。

各部门的主要职责及构成如下。

（一）总基金管理部

总基金管理部在首席投资官的领导下，负责设计投资组合的长期、中期、短期目标，以及总组合投资框架的实施。该部门协调整个机构在基本 CPP 和补充 CPP 账户的投资行为，使各账户在不承担额外风险的基础上实现长期收益最大化。TFM 的主要职责如下。

（1）构建参考组合，以及进行战略敞口所对应的长期风险回报因子配置。

（2）构建当年目标组合及目标组合的短期实现路径。

（3）构建核心池和补充池的投资结构。

（4）协调其他投资部门的投资活动，确保各投资部门对总组合做出有效贡献。

（5）日常管理核心池的平衡组合，使其实现预期的总组合敞口。与融资、抵押、交易组（隶属于资本市场与因子投资部）合作，通过公开市场的证券选择，实现平衡组合构成的最优化。

（6）指导基金的总外汇敞口（不包括主动战术性外汇配置）。中心化的外汇管理与单个投资部门的外汇管理相比，可以提供最低的成本以及进行更好的总敞口控制。

TFM 内设 6 个工作组。

1. 主动组合管理组

该工作组负责协调主动管理活动以实现期望的长期组合。该工作组对投资策略进行日常研究，在此基础上为每年度提供因子预期、地域特征和行业特征，指导主动管理组合中的每个投资项目的投资类别和投资数量目标。投资部门指引确保各投资项目的因子敞口及主动管理策略获得最优的多元化收益。

2. 平衡与抵押品管理组

该工作组通过选择合适的公开市场证券，实施组合的平衡项目，实现目标敞口，也负责高效达成所要求的财务杠杆，最大化基金抵押品，维持和管理基金的流动性。

3. 平衡组合管理组

该工作组负责平衡组合的日常管理，目标是确保核心池的主动管理组合和平衡组合综合起来获得期望的敞口。监视每年投资组合的敞口，决定再平衡的时间、幅度及方式。该工作组负责设计及执行合适的、低成本的再平衡交易。该工作组也负责对补充 CPP 在核心池和补充池的投资比例进行日常管理。

4. 组合工程组

该工作组负责设计和构建系统的投资流程，投资流程影响 CPPI 的投资战略及投资组合管理。该工作组的日常研究将为总组合管理决策提供支持。

5. 组合设计组

该工作组负责识别和分析能够反映全球市场行为特征的风险回报因子。该工作组决定投资组合在董事会及管理层批准风险范围内所期望的目标配置。该工作组也负责 CPP 及基金的资产/负债建模，以便在董事会对批准的参考组合进行阶段性回顾时，提供可选的市场目标风险。

6. 战略组

该工作组负责将各投资部门的工作整合到总组合投资框架中，改善投资回报、投资风险和投资增加值对于总组合关键要素的贡献，也为首席投资官及 TFM 负责监督项目管理，以及关键战略倡议的实施。

（二）资本市场与因子投资部

该部门是在2019财年新创设的部门，负责量化策略、宏观策略、外部组合管理、融资事宜（发债等）、研究及创新（数据工程等）。主要职责如下。

（1）运用CPPI的比较优势，包括与外部投资管理人合作，来获取阿尔法收益。

（2）从风险溢价项目中获取可持续、可观的投资收益。风险溢价项目的回报来自多元化的系统风险因子组合。负责在投资计划委员会（IPC）指导下与总基金管理部合作，管理基金的公开市场总敞口。

（3）管理抵押、融资、交易需求，包括基金总流动性以及CPPI担保债务及无担保债务项目。

CMF内设以下5个工作组。

1. 外部组合管理人组

该工作组监督外部管理基金及独立账户，这些账户是CPPI自营投资项目的补充。该工作组与全球覆盖公开市场股票、信用债、利率、外汇和商品的60多个资产管理人建立联系。不管外部基金采取长期策略还是短期投资策略，该工作组都与这些基金建立长期伙伴关系。由于与外部管理人联系较多，该工作组也在CMF内与其他工作组分享市场观点及最佳操作实践。

2. 融资、抵押、交易组

该工作组负责CPPI的融资活动，包括通过发行担保债券和无担保债券来管理抵押物，管理流动性，也通过结构融资获得流动性。该工作组负责公司组合的资产/负债管理，也负责监控CPPI投资团队及平衡组合在主要市场全部公开市场资产类别（不包括信贷）方面的中心化交易。

3. 宏观策略组

该工作组管理相机抉择的投资项目，包括战略持仓项目。该工作组利用CPPI规模大、投资期限长、投资人才的特点，投向主要发达国家和发展中国家的多种资产类别，获得赶超市场基准的超额回报。

4. 量化策略与风险溢价组

该工作组负责在全球资产类别中系统性构建及维护涵盖阿尔法收益和风险溢价因子的组合。该工作组管理数理及统计建模（量化策略），将阿尔法收益和风险溢价回报相结合。该工作组通过组合设计，在更广泛的市场指数中实现多元化策略。

5. 研究与创新组

该工作组负责制定和领导全球研究流程，与部门内其他工作组共同构建研究框架。此外，该工作组聚焦创新，寻找创新的预测、分析和组合构建技术，关注数据挖掘和数据工程，识别有价值的新信息资源，并将其整合到投资项目中。

（三）主动管理股权部

主动管理股权部主要投资各行业、各地区、各种市值规模的上市交易普通股，仅有部分例外。该部门通过跨越美洲、欧洲和亚洲的五个投资团队，贯彻三个核心战略：主动管理基本面股权、关系投资、主题投资。该部门也向全公司范围提供有关ESG（环境、社会和公司治理）因子投资方面的思考，包括通过可持续投资组合进行的气候变化相关投资。

AE内设以下6个工作组。

1. 主动管理基本面股权组

该工作组在北美和欧洲的发达市场投资大型公开市场股票，通过自下而上基本面研究，识别定价错误的证券。用这些基于各公司层面的认知，来构建市场中性的投资组合。

2. 拉美股权直接投资组

该工作组投资拉美市场的公开市场股票和私募股权。该工作组采取主动管理基本面股权组和关系投资组相结合的策略，以及私募股权策略，进行直接投资和外部基金配置。

3. 亚洲基本面股权组

该工作组是在2019财年新创设的，由原来的亚洲主动管理基本面股权投资组（AFE Asia）和亚洲关系型投资组（RI Asia）组成。该工作组投资亚洲发达市场和新兴市场的公开股票市场，采取主动管理基本面股权组与关系投资相结合的策略。

4. 关系投资组

该工作组对北美和欧洲发达市场的上市公司或即将上市公司进行少数股东直接投资。被投资公司将从CPPI的投资中催化出变革性的投资机会或进行显著的股东转换，投资团队可以贯彻管理层和董事会的长期价值创造倡议。

5. 可持续投资组

CPPI认为在投资中考虑ESG因子将获得更好的长期投资表现。该工作组与全公司的投资团队合作，对投资项目的全生命周期进行ESG因子研究。CPPI每年在网站公布《可持续投资报告》。

6. 主题投资组

该工作组主要负责全球范围的公开市场股票和早期私募公司投资，采取自上而下的研究策略来识别跨行业、跨地域的长期结构性趋势。该工作组构建一系列的单个“主题”组合，组合中的每个公司都具有相应主题特征。

（四）信贷投资部

该部门负责CPPI在全球的除本币主权债以外的所有公开市场和私募市场的债类投资。部门聚焦投资级和次投资级公司债、消费贷款和信用贷款的流动性/辛迪加及直接投资。该部门既投资现货市场也投资衍生品市场。

该部门的直接投资包括公司债、消费信贷、结构信贷、实物资产支持融资、专利相关收入流。在兼并、再融资、重组、重新资本化等事件驱动的机会中寻找投资项目。在一些情况下，该部门也投资债类基金，看重管理人的专业度以及已有的战略利益。

该部内设6个工作组。

1. 美洲杠杆融资组

该工作组投资美洲次投资级信贷及信贷类产品的一级和二级市场。典型的投资包括杠杆贷款、高收益债、单层贷款、过桥融资、可转换债、夹层债、优先股。为北美中等规模私募股权投资者提供融资支持的公司Antares Capital也隶属于该工作组。

2. 美洲结构信贷及金融产品组

该工作组主要投资面向金融机构的次投资级结构性信贷及债务，也投资美洲地区的知识产权。典型的投资包括整体贷款组合、住房抵押贷款、消费信贷、其他小贷及抵押贷款债务股权。该工作组也在全球范围内投资有形及无形资产支持的与特许权相关的收入流。

3. 亚太区信贷组

该工作组主要投资亚太区的次投资级公司债及结构贷款，可以以美元及当地货币形式提供融资。典型的投资包括杠杆贷款、高收益债、可转换债、夹层贷款、结构贷款产品，既投资于一级市场也投资于二级市场。

4. 欧洲信贷组

该工作组主要投资欧洲的次投资级公司债及结构贷款，包括杠杆贷款、高收益债、可转换债、结构化产品。该工作组可投资欧洲任何行业，拥有提供多种欧洲货币融资的灵活性。该工作组投资一级和二级市场的流动和非流动的信贷工具，包括好账与坏账组合。

5. 公开市场信贷组

该工作组投资全球投资级和次投资级的公开市场的单一信贷或信贷指数。投资工具包括公司债、硬通货主权债、信贷ETF、信贷衍生品、资产支持证券、住房抵押证券、抵押贷款债务。该工作组负责管理平衡信贷组合的信贷敞口（关于平衡组合前面已述及）。该工作组也负责信用投资部的所有策略的交易执行。

6. 实物资产信贷组

该工作组投资公开及私募市场的以下资产类别：地产（第一顺位抵押权、银行票据、夹层债、优先股、单类资产商业抵押支持证券）、能源和资源（优先债、次级债、优先股、矿产开采许可费）、基础设施和可再生能源（项目融资、贷款融资以及债券融资）。

（五）私募股权部

该部直接投资或与合作方一起对全球私募股权进行投资，聚焦股东利益与管理层利益高度一致的、创造长期价值的、能够产生风险调整后的有吸引力的回报的项目。私募股权部与超过 160 家私募基金管理人和其他专业化的合伙人合作。

私募股权部内设 3 个工作组。

1. 私募股权直接投资组

该工作组聚焦对北美和欧洲的私募公司的直接投资，考虑从被动投资、少数股投资到 100%控股的全谱系投资结构。该工作组对除了实物资产的所有行业进行投资，聚焦大型项目，合作伙伴包括家族办公室、同类长期投资者、有限公司、企业家和管理团队。

2. 基金与二级市场投资组

该工作组在北美和欧洲进行基金和二级市场投资，以获取高于公开市场基准的超额收益，在公司内部创造合作机会。该工作组通过对一级和二级市场的私募股权基金出资来获取 LP 权益。该工作组与 CPPI 的私募股权基金合作，进行高达 1 亿美元的少数股权、被动直接投资。

该工作组已经拥有一个多元化的投资组合，包括对大中型市场并购和增长型股权基金的投资，以及与没有投资记录或有限投资记录的部分新兴管理者的合作。此外，位于旧金山办公室的风险投资项目，寻求对顶级 VC 管理者的合作及共投，以带来最佳 VC 回报。

3. 亚洲私募股权组

该工作组对亚太地区的私募股权进行全谱系投资，包括对私募基金出资、获取二级市场的 LP 权益、与私募基金合伙人及其他合伙人一起进行私募公司的直接投资。

（六）实物投资部

实物投资部的投资包括房地产、基础设施、能源与资源、电力与可再生能源、组合价值创造。这些行业具有典型的长期、资产密集型、稳定收入流、对抗通胀的特征。

该部内设 5 个工作组。

1. 能源与资源组

该工作组投资油气、能源中游企业，零售电力企业，液化天然气、采矿以及能源相关技术项目，特别聚焦能源传输、全球天然气、电气化、能源基础设施领域。该工作组认为来自早期阶段技术公司的创新项目为现有流程和技术带来巨大改变，2019 年，该工作组新建立一个“创新、技术与服务”策略（Innovation，Technology and Service Strategy），寻找对技术领域的早期阶段投资。

2. 基础设施组

大型基建项目资产为社会提供不可替代的基础服务，包括公用事业、交通、电信和能源部门。该工作组聚焦低风险、资产密集、有稳定及可预期长期收入的行业，这些行业往往在强监管环境下运行，有明确的合同，并且可以为 CPPI 提供重要的股东权益以及公司治理权。该工作组的投资对象包括发达国家和发展中国家的私募及私有化股权投资机会，并且寻求与同类机构合作。该工作组也为已投项目进行额外融资以支持其获得更好的发展机会。

3. 组合价值创造组

该工作组负责跨CPPI全球重大股权直投组合的价值创造，与项目团队、组合公司管理层、项目合作方进行密切合作，参与到各行业、各区域及各个投资阶段。该工作组在尽调、提高治理水平、主动监控组合公司、驱动运营改革等方面提供支持。该工作组也帮助将最佳实践应用到整个CPPI的资产管理及价值创造活动中。

4. 电力及可再生能源组

该工作组关注在全球范围的电力及可再生资源领域投资，投资管理传统电力、风能、太阳能、水能和其他资产的公司、合资公司、平台。该工作组正在建立一个包括已运营资产、在建资产、在发展资产在内的平衡组合，拥有面向低风险、长期合作、电力市场敞口的组合资产。可再生能源成本下降以及全球和地区气候变化政策将带来新的投资机会，新兴市场不断加快的电气化和能源密集使CPPI对新兴市场的电力及可再生能源的投资敞口越来越重要。该工作组也负责农业投资。

5. 房地产组

该工作组主要投向由本地合伙机构运营的高质量的商业地产，包括建成的核心项目以及“在建核心项目”（Built to Core）。所谓核心包括地域方面以及形态方面，地域方面包括加拿大、美国、英国、澳大利亚、巴西、中国、印度，形态方面主要包括办公楼、零售场所、工业地产、住宅。该工作组近期建立了一个“上市地产公司项目”（Listed Real Estate Program），通过投向上市地产公司，增强组合的风险回报特征。

第四章　机构投资者的投资范围

第一节　大类资产的划分及争论

确定投资范围，是资产配置的起点。资产类别是定义投资范围的方式之一。史文森说，定义资产类别既需要艺术，也需要科学，需要将相似资产归为一类，最终将相对而言具有同质投资机会的资产集合起来。[①]

一　传统大类资产类别

通常，传统大类资产指公开市场股票和债券。

如果根据市值，股票可以分为大公司股票、小公司股票、中等市值股票；如果根据估值水平，可以分为成长型股票、价值型股票；如果根据上市地，可以分为国内股票、海外股票。进行全球布局的机构投资者往往将股票按照地域划分为美国股票、非美发达股票、新兴市场股票等。

债券可根据发行者分为政府债券、金融债券、企业债券（信用债）；如果根据信用评级，可以分为投资级债券和高收益债券；如果根据到期期限，可以分为短期债券、中期债券、长期债券。全球布局的机构投资者常常将债券按地域和发行者分为发达债券、新兴市

① 〔美〕大卫·F. 史文森：《机构投资的创新之路》，张磊等译，中国人民大学出版社，2015，第146页。

场债券等。

在有些情况下，属于同一大类资产之下的细分资产类别，可能具有不同的收益和风险特征，其走势可能背离。因此，对大类资产进行细分，利用细分资产类别之间的差异性来分散风险或把握市场机会，可以优化、改善投资结构。

细分资产类别也有助于选择合适的投资基准和投资策略。熊军举例，某股票组合的原基准是涵盖全市场的股票指数，投资基准过于宽泛；而投资组合管理人对该组合采用投资小公司股票策略，长期获得较高超额收益，但超额收益基本上可以用小公司股票指数解释。[①] 如果把原基准调整为小公司股票指数，则投资者可以用以小公司股票指数为基准的被动投资策略替代原基准下的主动投资策略，在获得同等收益和承担同等风险的同时，降低管理成本，因此，资产类别的划分是投资和业绩评价的起点。

二　另类资产类别

另类资产是相对于传统资产而言的，传统的公开市场股票和债券之外的资产通常被称为另类资产。史文森认为股票和债券属于传统资产类别，传统资产类别有一些重要特征，其收益是由市场产生的，而非通过积极投资管理创造的，交易的市场范围广、程度深，而且具有可投资性。史文森将绝对收益、实物资产、股权投资归入另类资产类别，他认为，将另类资产纳入投资组合有助于推高投资的有效边界，在既定风险下提高投资收益。[②]

绝对收益这一资产类别，总体上追求高回报，相对独立于市场整体或者平均收益水平。绝对收益策略可以分为事件驱动型和价值驱动型两种。事件驱动型投资取决于某个交易的完成，往往是公司

---

① 熊军：《养老基金投资管理》，经济科学出版社，2014，第 342 页。

② 〔美〕大卫·F. 史文森：《机构投资的创新之路》，张磊等译，中国人民大学出版社，2015，第 146、147、173 页。

合并或者重组。价值驱动型投资需要投资经理挖掘被低估或高估的证券，进行建仓并通过对冲保值来降低市场系统性风险。落实绝对收益策略需要进行积极投资管理，因为如果基金经理和投资者接受市场风险，或者不主动发现市场错误定价的现象，就只能获得与货币市场相同的无风险利率水平，而且绝对收益定义本身也表明绝对收益策略的投资收益与传统有价证券缺乏相关性。

实物资产投资包括通胀保值债券（TIPS）、房地产、森林、石油和天然气。实物资产投资通过投资工具获得与通胀密切相关的实物资产的所有权。通胀保值债券通过与消费者物价指数（CPI）挂钩，严密追踪通胀走势。油气储备价值变化直接反映能源价格变化。林木价格变化也是通胀变化中的一部分。好的房地产投资往往不仅对抗通胀，还能获取很高的资产价格升值。

在私募股权类投资上，熊军认为大致可以分为两类，一类是并购基金（Buy-out Fund），另一类是创投基金[①]（Venture Capital），前者投资处于成熟生命周期的企业，后者投资处于早期生命周期的企业。[②] 创投基金按照创业企业的成长特点还可以进一步分为种子基金（Seed Fund）、导入基金（Startup Fund）、扩展基金（Expansion Fund）。种子基金投资种子期企业，技术还在酝酿和发明过程中，产品还未开始产业化；导入基金投资的企业处于产品试销阶段；扩展基金投资处于生产扩大阶段的企业。

除了上述股权投资外，还有一些特殊的策略和方法，常见的有夹层基金（Mezzanine Fund）、Pre-IPO 基金、财务困境基金（Distressed Fund）、不动产投资信托（REITs）、基础设施基金（Infrastructure Fund）。夹层基金采用债权和股权结合的方式进行投资，允许投资者参与分红，在一定条件下可以将债权转换为股权，夹层基金投资的风险水平一般低于创投基金和并购基金投资。Pre-IPO 基金主要投资

---

① 创投基金也称风险投资基金。

② 熊军：《养老基金投资管理》，经济科学出版社，2014，第 382 页。

上市前的企业，企业上市后退出。财务困境基金专门投资处于困境的企业，待企业经营好转，实现投资增值。不动产投资信托和基础设施基金专门投资房地产和基础设施，寻找机会，获取收益。

史文森认为，另类资产类别缺乏传统证券产品的有效定价机制，另类资产类别的投资者只能采取积极型投资策略，市场上也不存在所谓的平均收益率和被动指数工具。① 另类资产类别的长期平均历史收益率无论是绝对水平还是风险调整后的水平，都逊于有价证券，因此，另类资产投资者只能通过高效的积极型组合管理获得预期收益。

但是，对于这些资产是否可以单独成为一个类别，存在争议。余家鸿等认为，简单地创造新的资产类别会导致投资者只是在形式上分散化，但并没有减少对单一风险的敞口。②

洪崇理认为，资产类别可以大致分为股票、债券、大宗商品等，业界常将对冲基金、私募股权视为单独的资产类别并将其纳入资产配置范围，洪崇理对此持不同态度，认为对冲基金、私募股权等并不是单独的资产类别，而是股票因子、非流动性等因子的组合。③ 因为对冲基金大多与各类风险资产存在高度且不确定的正相关性，其内在因子时常难以量化及控制，且与机构投资组合中的因子重叠或冲突，再加上其存在长期收益差，所以是否包含在机构组合之中应该慎重考虑。

对于实际资产类别而言，洪崇理认为，实际资产的收益和风险特征可以用同类上市公司的股票或债券的市场表现进行解释甚至复制。④

---

① 〔美〕大卫·F. 史文森：《机构投资的创新之路》，张磊等译，中国人民大学出版社，2015，第174页。

② 余家鸿、吴鹏、李玥编著《探秘资管前沿——风险平价量化投资》，中信出版集团，2018，第8页。

③ 周元在《资产管理：因子投资的系统性解析》一书的推荐序中总结了洪崇理的主要观点。见〔美〕ANDREW ANG（洪崇理）《资产管理：因子投资的系统性解析》，隆娟洁等译，中国发展出版社，2017，第6页。

④ 周元在《资产管理：因子投资的系统性解析》一书的推荐序中对比了洪崇理与巴菲特及其导师的观点。见〔美〕ANDREW ANG（洪崇理）《资产管理：因子投资的系统性解析》，隆娟洁等译，中国发展出版社，2017，第7页。

但是，以沃伦·巴菲特及其导师格雷厄姆为代表的另一流派认为，一般流动性股票的因子并不能涵盖实际资产的主要风险特征，如利率及杠杆率的变化、非流动性溢价、信息不对称性、地方特质判断、现金流质量等价值驱动元素。

三　因子的类别

什么是因子？就像人们在进餐时，所获取的营养并非简单地来源于每个菜品（不同资产类别），而是来源于菜品所含的营养成分（因子）和营养构成。只专注于资产类别的方法（通常采用均值—方差优化模型）显得过于粗糙，投资者应该更专注于因子风险。因子分析可以避免风险过度集中于一种风险上，例如，不论股权投资还是股票投资，对股票风险的敞口都太大。因子分析可以控制组合中每种风险因子的敞口。

洪崇理认为，因子是长期能提供更高收益的投资风格。洪崇理将因子分为静态因子和动态因子。[①] 最简单的因子是股票和债券指数。股票和债券是通过简单购买资产（做多）来获取风险溢价的例子，因此它们是静态因子。其他往往需要涉及多空头寸的动态交易，正因为承受了这些损失，所以因子能累积风险溢价，故被称为动态因子，包括：价值—成长溢价、动量溢价、非流动性溢价、信用风险溢价、波动率风险溢价。做多上述资产类别中能带来风险溢价的证券，并同时做空或低配表现不佳的证券，可以获取动态风险溢价。以下为一些动态因子的构成：

价值—成长溢价＝价值股－成长股

动量溢价＝历史表现好的股票－历史表现不好的股票

非流动性溢价＝流动性差的证券－流动性好的证券

---

① 〔美〕ANDREW ANG（洪崇理）：《资产管理：因子投资的系统性解析》，隆娟洁等译，中国发展出版社，2017，第 440 页。

信用风险溢价=风险债券-安全债券

波动率风险溢价=卖出价外看跌期权+持有股票或看涨期权以生成市场中性头寸

余家鸿等将风险因子分为三个层次：宏观经济因子、资产类因子、策略型因子（见图 4-1）。[①] 第一层（宏观经济因子）往往不可交易，除了通胀挂钩债以外，极少有其他资产类别的定价成分会直接绑定在经济指标上。想获得宏观经济因子，常常需要通过用不同资产构建“高敏感度”子组合来间接实现。第二层（资产类因子）通常可交易，五大资产类因子为股票、利率、信用、大宗商品、通胀挂钩债。资产类因子大多可在公开市场直接交易，很多资产类因子有相应的期货，一般情况下，流动性较好。第三层（策略型因子）是可交易的，比如，股票类的智能贝塔，包括“价值”（Value）、“成长”（Growth）、“动量”（Momentum）、“波动率”[②]（Volatility）等。价值因子的构建是做多估值低的股票和做空估值高的股票，其他因子的构建方式类似。第三层（策略型因子）具备可交易性质，可为第二层（资产类因子）提供补充。余家鸿等概括的策略型因子与洪崇理的动态因子接近。

余家鸿等认为，风险因子应该是有清晰的定义及可测量的经济变量。第一层（宏观经济因子）帮助我们理解组合收益的根本来源；实际组合的风险敞口则需要通过调整第二层（资产类因子）来实现；第三层（策略型因子）为组合提供了不同的收益来源类型，是有益的补充。各种分类并不矛盾，从长期来看，策略型因子的风险溢价可以归结为资产类因子，甚至是对宏观经济因子的具体表达。机构

① 余家鸿、吴鹏、李玥编著《探秘资管前沿——风险平价量化投资》，中信出版集团，2018，第 42~43 页。

② 隆娟洁在《资产管理：因子投资的系统性解析》一书的译者序中提到波动率这一因子。见〔美〕ANDREW ANG（洪崇理）《资产管理：因子投资的系统性解析》，隆娟洁等译，中国发展出版社，2017，第 2 页。

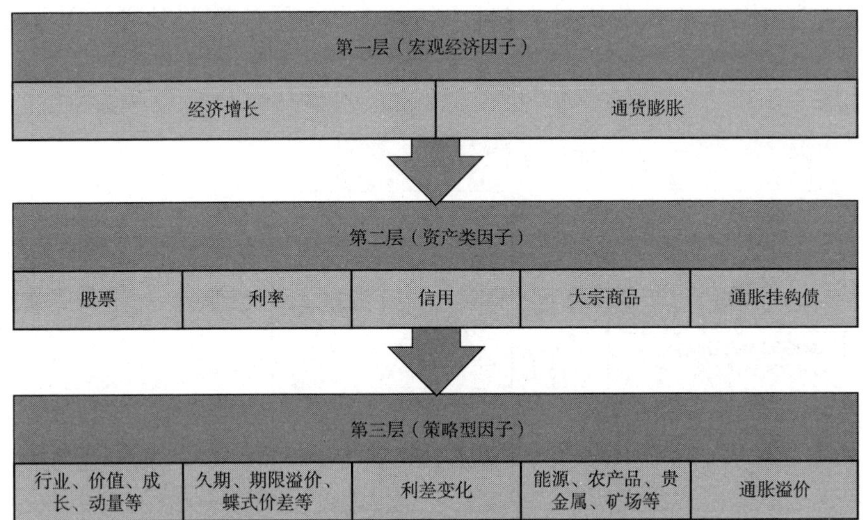

图 4-1　风险因子层次结构与配置情况

资料来源：余家鸿、吴鹏、李玥编著《探秘资管前沿——风险平价量化投资》，中信出版集团，2018。

投资者在实践中对因子的应用也各不相同。丹麦劳动力市场补充养老基金（ATP）在第二层（资产类因子）进行风险配置投资。ATP在2006年构建了五大因子，包括大宗商品、通胀挂钩债、信用、股票和利率；2016年以后，ATP将因子概括为利率因子、股票因子、通胀因子、其他因子，传统的大宗商品、信用和债券分别融入利率因子和其他因子，来进行资产配置。ATP在总组合风险因子配置的基础上，再由专业团队在第三层（策略型因子）上进行精耕细作式的组合管理。而挪威GPFG和加拿大CPPI是在第二层（资产类因子）上建立股票、债券双因子模式，CPPI甚至从建立参考组合开始，就把其他资产/项目都分解成对股票和债券的敞口，然后用一个股票和债券的组合来模拟其风险收益特征。

资产表现受一系列风险因子影响，资产持有者需要厘清因子与资产间的对应关系，根据自身情况进行匹配，构建适宜的资产组合来实现相应的目标因子敞口。从风险因子到资产类别，资产所有者应该选出合适的风险因子，然后通过合适的资产来实现这些因子敞口（见图 4-2）。

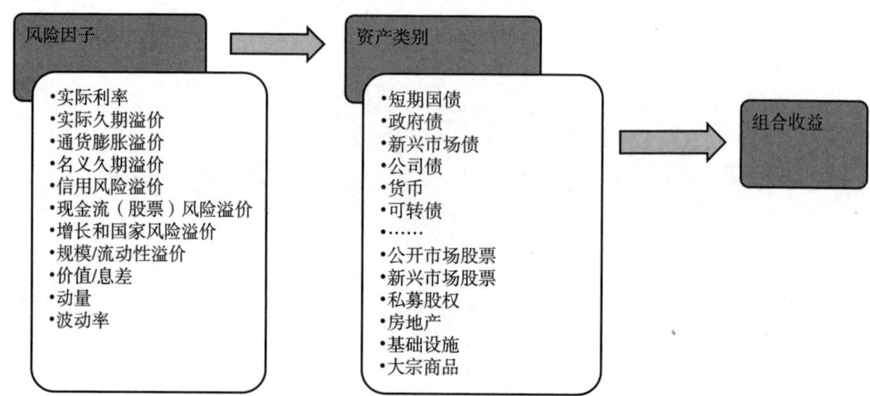

图 4-2 从风险因子到资产类别的变化

资料来源：〔美〕ANDREW ANG（洪崇理）《资产管理：因子投资的系统性解析》，隆娟洁等译，中国发展出版社，2017，第 448 页。

第二节 代表性机构投资者的投资范围

本节介绍挪威政府全球养老基金（GPFG）、加拿大养老金计划投资公司（CPPI）、美国耶鲁大学捐赠基金（Yale University Investment Fund）、丹麦劳动力市场补充养老基金（ATP）的投资范围案例。

一 代表性机构投资者的投资范围

截至 2021 年底，挪威政府全球养老基金（GPFG）将超过 97% 的资产配置在公开市场，其中，公开市场股票占 72%，公开市场债券占 25.4%；对非公开市场的投资比例小于 3%，包括非上市的地产和新能源项目。

相比之下，加拿大 CPPI 的投资范围广很多，截至 2022 年 3 月

31 日，对公开市场股票，私募股权，信用投资，政府债券（现金及绝对收益策略），实物资产（地产、基建），其他实物资产的投资在总组合中的占比分别为 27%、7%、9%、32%、16%、9%。

美国耶鲁大学捐赠基金则高配另类资产，特别是配置在杠杆收购、实物资产、私募股权（风险投资）等资产类别上。

丹麦 ATP 则应用因子配置模式，首先把因子分为股票因子、利率因子、通胀因子、其他因子，然后确定各因子在组合中的权重，再对应到相应的资产类别上。

二　在投资地域范围的布局

挪威政府全球养老基金（GPFG）自设立以来就将资产 100% 投资于境外。自加拿大 CPPI 设立以来，境外投资比例逐渐由 1999 年的 0 上升到 2020 年的 84.4%，境内投资比例由 100% 降至 15.6%（见图 4-3）。CPPI 自 1997 年成立以来，不断在全球进行布局[①]，其 20 多年的发展历程如下。

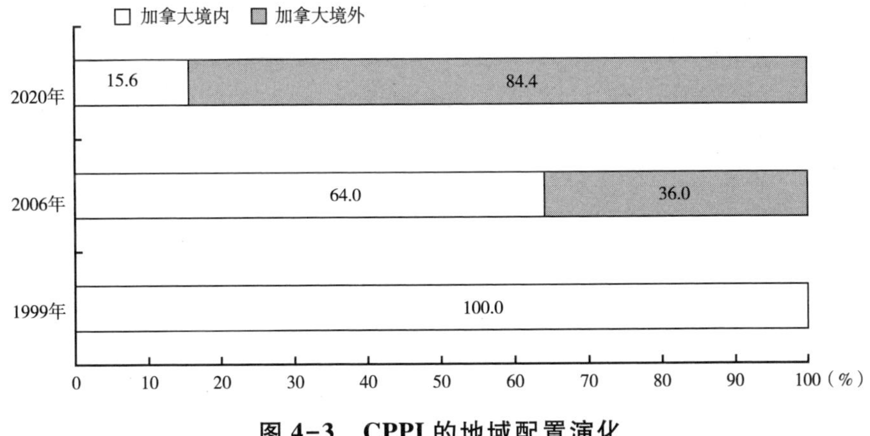

图 4-3　CPPI 的地域配置演化

资料来源：CPPI 年报。

① 资料来源：CPPIB，*Fiscal 2018 Annual Report*；*CPPIB Fiscal 2019 Annual Report*。

1999 年，接受 CPP 第一笔基金，开始投资公开市场交易股票。

2001 年，首次在加拿大 9 个城市召开公开会议，进行了第一个私募股权基金投资。

2003 年，进行了第一个地产直投项目：投资了加拿大的 5 个购物中心；开始自营管理，被动公开股票市场组合。

2004 年，放松了对海外持股的法律限制。

2006 年，基金资产规模超过 1000 亿加元，开始采取主动管理策略。

2008 年，开设了香港和伦敦两个国际办公室。

2009 年，参与了当年全球五大私募投资中的三个。

2011 年，组合中超过半数规模投资于加拿大境外。

2014 年，开设纽约和巴西圣保罗办公室。

2015 年，开设印度孟买和卢森堡办公室。

2016 年，主动管理投资 10 周年，资产总规模达 2800 亿加元。

2017 年，开设澳大利亚悉尼办公室。

2018 年，发行了第一只绿色债券，这是全球市场上第一只由养老基金发行的绿色债券。

关于资产配置的方法及资产类别和地域的配置变化，将在下一章详细阐述。

第五章　机构投资者的主要资产配置模式

第一节　主要的资产配置流派

资产配置主要流派大致可分为：一是挪威模式，以获取公开市场贝塔收益为主；二是耶鲁模式，高配另类资产；三是加拿大模式，以参考组合为代表；四是风险因子模式，以丹麦 ATP 模式为代表（见表 5-1）。此外，还可以根据配置在资产上还是配置在风险因子上，而将资产配置归纳为两个大类：第一类是把整个基金盘子配置到资产上，第二类是把管理的盘子配置到因子上。前三种流派（挪威模式、耶鲁模式、加拿大模式）主要配置到资产上；第四种流派（风险因子模式）配置到风险因子上。

表 5-1　资产配置主要流派

代表模式	挪威模式	耶鲁模式	加拿大模式	风险因子模式
主要特征	公开市场股债	高配另类资产	参考组合	基于风险因子配置资产

资料来源：笔者自制。

一　挪威模式

挪威模式是大类资产配置的起点，即 60（股）/40（债）传统模式。挪威财政部规定，GPFG 的股权投资应该相当于基金市值的 50%～80%，私募地产投资不超过基金市值的7%，固定收益投资应该相当于基金市值的20%~50%。因此，GPFG的投资主要集中于公开市场，对另类资产投资的配置极低。GPFG目前的配置比例已经变成70（股）/30（债）。

GPFG投资公开市场业务，为降低成本，以自营为主；对另类资产的配置非常有限，仅7%。GPFG主要收益来源是市场的贝塔（β）。GPFG的盘子比较大，超过1万亿美元，投资的市场基本上本身就成为市场，所以很难获取阿尔法（α）收益，以获取贝塔（β）收益为主。余家鸿等指出，2008年金融危机后，60（股）/40（债）传统配置和捐赠大学基金模式受到业界质疑，因为这些模式的股票风险集中度较高，同时资产配比（或风险配比）相对静态，导致这些模式在股票市场大幅下跌时承受巨大浮亏。[①]

2021财年末，GPFG的基金规模达到12.34万亿挪威克朗（约相当于1.234万亿美元），其中，公开市场股票的配置是72%，固定收益的配置为25.4%，非上市地产的配置为2.5%，非上市可再生能源基础设施的配置为0.1%（见图5-1）。

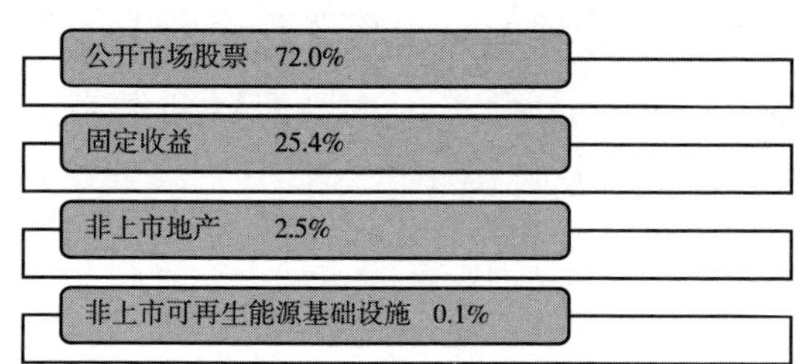

图5-1 挪威GPFG的大类资产配置情况

资料来源：GPFG年报。

二 耶鲁模式

耶鲁大学捐赠基金投资另类资产比较多，另类资产配置在总组

---

① 余家鸿、吴鹏、李玥编著《探秘资管前沿——风险平价量化投资》，中信出版集团，2018，第8、9页。

合中的占比超过总资产规模的 75%。背后的原因是，耶鲁大学捐赠基金每年在负债端有刚性支出需求，以支持学校活动，基金收益压力较大，对投资回报率的要求较高。因此，通过高配另类资产，获取更高的阿尔法（α）收益，是典型的负债端驱动投资端的表现。

2021 财年末，耶鲁大学捐赠基金的资产规模为 423 亿美元，相比其他主权基金和公共养老基金，规模较小；而且有很广泛的校友网络，可以获取广泛的项目，以获取阿尔法（α）收益为主。

耶鲁大学捐赠基金年报显示，其另类资产投资占比很高，风险投资、杠杆收购以及房地产投资的占比都高于捐赠基金平均水平（见表 5-2）。

表 5-2　耶鲁大学捐赠基金与捐赠基金平均的另类资产配置比例

单位：%

	耶鲁大学捐赠基金	捐赠基金平均
绝对收益	21.6	23.6
风险投资	22.6	4.9
外国股票	11.4	21.4
杠杆收购	15.8	6.1
房地产投资	8.6	3.9
自然资源	3.9	8.0
现金和固定收益	13.7	12.7
本国股票	2.3	19.6

资料来源：耶鲁大学捐赠基金 2020 年年报（The Yale Endowment 2020），https：//investments. yale. edu/reports。

三　加拿大模式

加拿大模式把前两种配置方法结合起来。首先定义参考组合，在参考组合中，仅设置简单的股票、债券比例。在参考组合的基础上，再确定战略组合、目标组合、实际组合。在战略组合、战术组合和实际组合中可以配置公开市场股债之外的另类资产，且另类资产配置比例超过总资产的一半。本章下一节详细介绍 CPPI 的参考组合资产配置框架。

四　风险因子模式

因子配置，不是将资产配置到大类资产上，而是配置到风险因子上；相当于我们去菜市场买菜，大类资产是青椒、胡萝卜，因子相当于背后的维生素、矿物质、碳水化合物，我们将资产直接配置到风险因子上。丹麦 ATP 是风险因子配置的业界引领者。

ATP 有四个风险因子，分别是股票因子、利率因子、通胀因子、其他因子（见图 5-2）。各机构对因子的定义和分类不同。风险因子模式的难点在于对于一些另类投资项目，如何来分配因子，到底有多少因子是有股性的、多少是有债性的、多少是通胀的，需要分解得非常清楚。而且，很难在私募市场获得具有可比性的历史数据，相比之下，公开市场股和债的历史数据基本可以得到。因此，因子投资对团队的专业能力的要求很高。

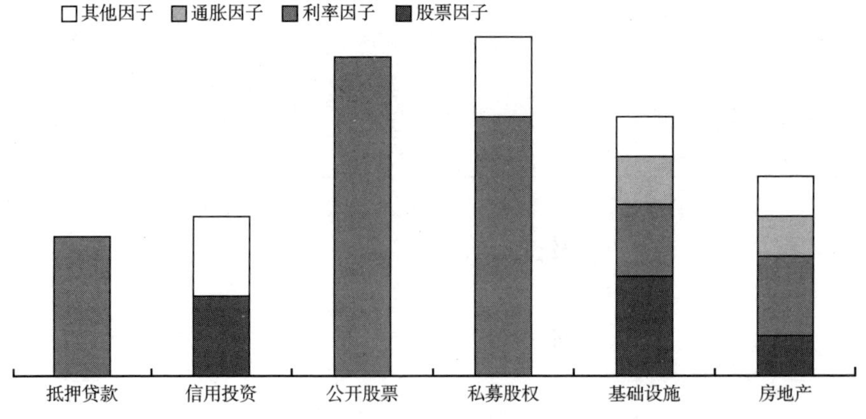

图 5-2　资产类别的风险因子构成示例

资料来源：ATP's Investment Approach，http：//www. atp. dk/en/dokument/atps-investment-approach-2021。

从因子配置来看，ATP 的组合首先都配置在因子上，从 ATP 的长期配置指引来看，股票因子、利率因子、通胀因子、其他因子的配置比例分别为 35%、35%、15%、15%（见图 5-3）。2021 年，总组合的 47%配置在股票因子，32%配置在利率因子，14%是通胀因子，7%是其他因子。除了 ATP 之外，由于因子对于风险的定义是更清晰的，一些机构也在探索朝着因子的配置方向发展。

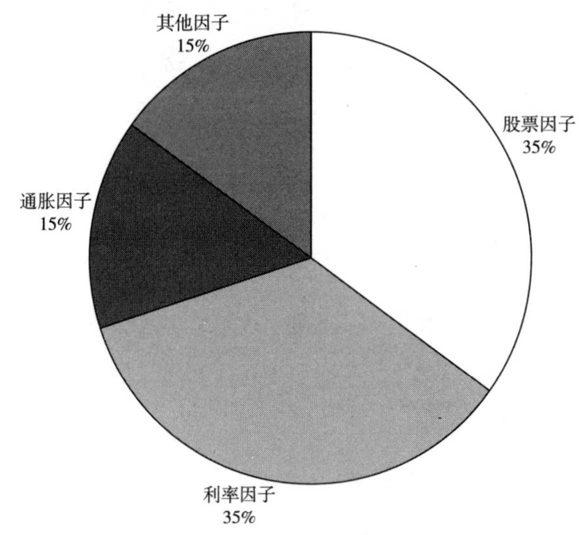

图 5-3 风险因子长期配置情况

资料来源：The_ ATP_ Group_ Annual_ report_ 2021，http：//www. atp. dk。

第二节 机构投资者资产配置案例及启示

一 CPPI 的资产配置框架

CPPI 总组合投资框架包括以下主要组成部分。[①] 一是风险偏好，由参考组合（Reference Portfolio）表达。二是多元化，由战略组合

① 本部分内容主要来源于 CPPI 2019 财年年报、2022 财年年报。

(Strategic Portfolio）表达。三是组合管理，通过目标组合、主动管理组合、平衡组合（Target，Active，Balancing Portfolio）实现。

（一）风险偏好——参考组合

1. 任何投资组合的投资策略的根本在于确定一个谨慎的、适当的风险偏好。CPPI 最初基于基金可持续性的长期回报测算确定了组合的风险水平，如果低于 40%全球公开股票市场和 60%加拿大政府名义债券回报，则基金将不可持续。如果适度提高风险，则将获得更高的长期回报。2014 年，CPPI 董事会和管理层决定，逐渐提高基金的风险水平，以参考组合来表达风险目标。参考组合由两类资产构成：全球公开市场股票和加拿大政府名义债券。每种资产都可以以最小成本在市场上进行被动投资。

2019 年，CPPI 开始管理补充 CPP 缴费账户（Additional CPP Contribution)。"基本 CPP"（Base CPP）指受益和缴费标准基于 2019 年之前的标准的养老计划；"补充 CPP"（Additional CPP）指基于 2019 年 1 月开始实行的标准的新增受益和缴费计划，预计 2050 年补充 CPP 的规模将达到 17182 亿加元，基本 CPP 达到 12837 亿加元（见图 5-4)。

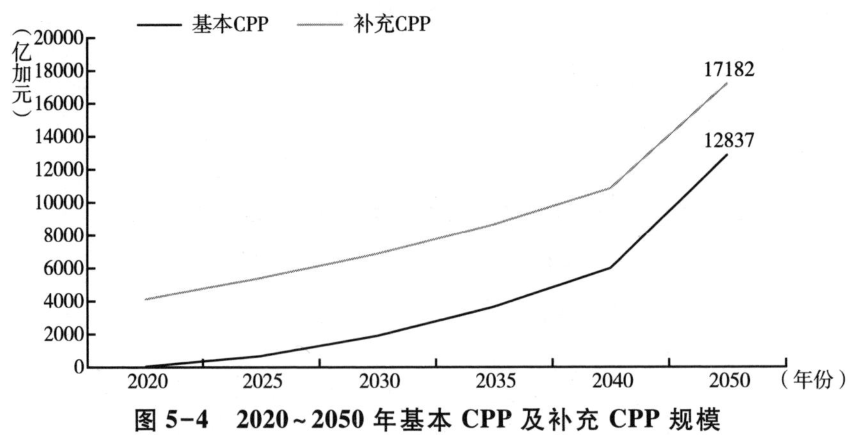

图 5-4　2020~2050 年基本 CPP 及补充 CPP 规模

资料来源：Actuarial Report（30th）on the Canada Pension Plan，http：//www. osfi-bsif. gc. ca/Eng/Docs/cpp30. pdf。

CPPI 管理层和董事会至少每 3 年重估一次参考组合。对于基本 CPP 而言，2019 财年起参考组合的股票债券比为 85：15；对于补充 CPP 而言，2022 财年起参考组合的股票债券比为 55：45，较 2019~2021 财年的 50：50 有所提高（见图 5-5）。

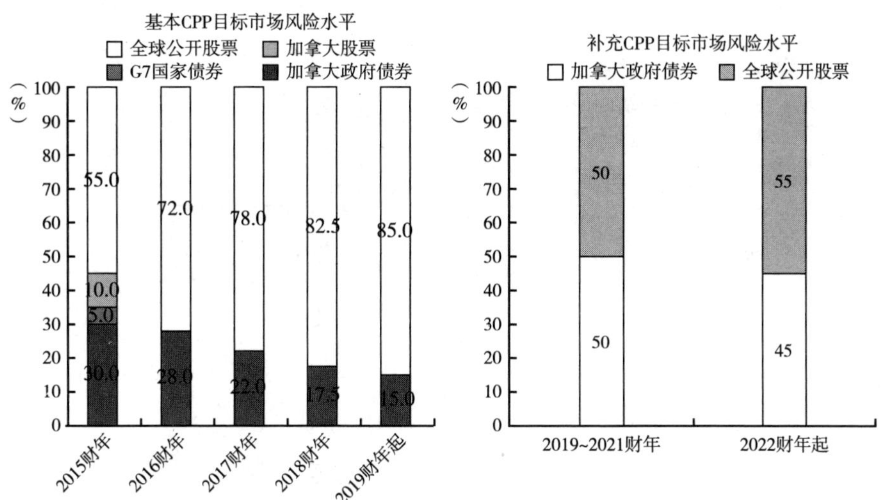

图 5-5　参考组合：风险—收益特征转变

资料来源：CPPI 2022 年年报。

CPPI 参考组合框架也经历了调整，最初，在参考组合和实际投资组合之间并没有一个中间目标。假如参考组合定了 60（股）/40（债），投资团队发现一个好的私募投资项目，就直接从 60（股）里拿掉一部分，把实际发现的好的私募股配置上去，让它保持相同的风险水平。这样直接把参考组合作为一个锚，并没有中间的战略配置和战术配置，是自下而上的分析。但很多研究已经得出结论，总组合收益的 80% 来自资产配置，剩下大概 20% 来自择时。如果自下而上分析，则缺乏对总组合的关注，而且，投资部门在制订年度计划时，也没有自上而下的指引。目前的配置框架是增加两个中间目标：战略组合、战术组合。此外，参考组合的风险偏好是不断提升的，由 65（股）/35（债）转向 85（股）/15（债）。

为了实现不同的风险目标，CPPI 采取“双池结构”对资金进行管理（见图 5-6）：基本 CPP 将组合 100% 投资“核心池”，“核心池”的参考组合的股票债券比为 85∶15；补充 CPP 将组合 55%～60% 投资“核心池”，其余投资低风险的“补充池”，后者仅包括加拿大联邦政府和市政府名义债券。

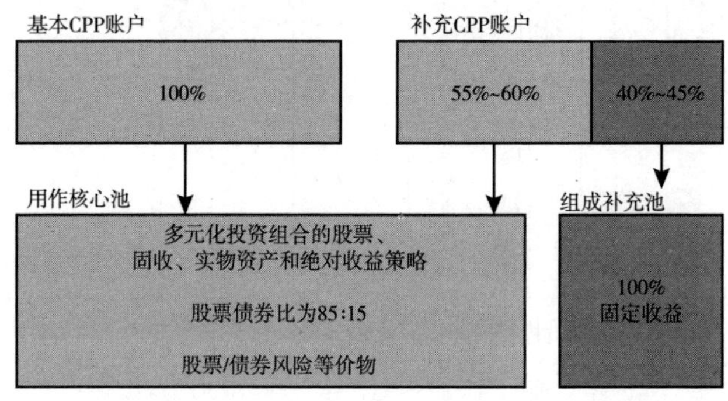

图 5-6 “核心池”与“补充池”结构

资料来源：CPPI 年报。

2. 参考组合同时作为基金回报基准。参考组合除了作为绝对风险的长期平均偏好外，还具有另一个作用，即作为投资组合净总回报的基准。投资组合虽然与参考组合拥有相似的风险水平，但是两者极为不同，具体表现如下。

（1）投资组合由更加广泛的资产类别构成，而且是主动管理。

（2）公开市场投资和私募投资估值差异极大。投资组合中近 55% 投向私募资产，而参考组合 100% 是公开市场资产，这导致两者在估值和回报上的短期差异巨大。

（3）投资组合的长期主动管理策略需要时间来展现其与参考组合基准的关联。

3. 参考组合也体现在薪酬激励中。雇员激励薪酬的30%与总组合表现挂钩，在总组合表现中，总组合的绝对收益与相对收益加元增加值（总组合相对于参考组合的表现）各占50%。本书第八章将对参考组合在CPPI薪酬激励中的作用进行较为细致的介绍。

（二）多元化——战略组合

尽管CPPI通过使投资组合的绝对总风险接近于参考组合，但这并不意味着持有85%的股票或是股票类敞口，因为这将导致组合的下行风险受到单一风险因子影响，即主要受到全球公开股票市场的影响，极不谨慎。CPPI构建了一个组合，拥有与参考组合接近的风险，但是收益多很多，这个组合由多样化的投资和策略构成。每种策略提供的风险回报特征，使总组合对于公开股票市场的依赖程度降低。

首先，配置很高比例债券以及两类有稳定、增长收益的资产，即核心地产和基础设施。这样，组合的风险很低，从而可以加入更高回报—风险特征的资产，如用私募公司替代上市公司、用公共和私人部门的高收益信用替代政府债券、在地产和基建投资中审慎加入杠杆以及增加绿地投资、提高对新兴市场的参与度、大量使用“纯阿尔法”（Pure Alpha）策略。

然而，即使进行了上述替代操作，总组合风险仍可能低于合适的长期风险目标。因此，CPPI通过发行短期债和中期债加杠杆，以及使用衍生品来提升收益。

CPPI构建战略组合的三步法如下。

一是确定关键风险回报因子敞口（“战略敞口”）的最优战略组合。主要通过评估每个资产类别的收益—风险特征，并结合主动管理和杠杆策略的影响进行分析。因子敞口组合的目的在于使长期回报最大，并保持与参考组合一致的总绝对风险。

二是评估现有投资和潜在投资项目，决定每个项目在“核心池”

中的比例，确保主动管理投资应有的敞口及通过管理人专业技能获取回报，也对平衡组合的表现进行回顾，确保实现总目标。

三是把这些项目的配置整理为六大公开市场和私募资产类别。战略组合也包括对三个地理区域（加拿大、发达国家、发展中国家）的投资配置。战略组合至少3年回顾一次，在回顾参考组合时同时进行。

在战略组合层面，与2019财年相比，2022财年基本CPP在大类资产配置上降低了在公开市场股票、实物资产的配置，增加了对私募股权、固定收益、信用投资的配置，并增加了利用现金及绝对收益策略所进行的融资活动；从地域配置来看，对加拿大本国资产的配置由2019财年的11%进一步降至2022财年的8%，同时增加了对除加拿大外的发达市场的配置，比例由2019财年的56%上升至2022财年的59%，对新兴市场总体的配置不变。对于补充CPP，在战略组合层面，大幅降低了固定收益的配置，由2019财年的60%降至2022财年的39%，大幅提高了信用投资的配置，由2019财年的7%上升到2022财年的31%，此外，也提高了对私募股权的配置；从地域配置来看，大幅削减了对加拿大本国资产的配置，由2019财年的51%降至2022财年的44%，提高了除加拿大外的发达市场的资产配置，由2019财年的31%提升至2022财年的37%，对新兴市场的配置也略有上升（见表5-3）。

表5-3　战略组合资产类别、地域配置

单位：%

资产类别		2019财年		2022财年	
		基本CPP	补充CPP	基本CPP	补充CPP
战略组合	公开市场股票	26	14	23	14
	私募股权	20	11	23	14
	固定收益	27	60	32	39
	信用投资	13	7	17	31

续表

资产类别		2019 财年		2022 财年	
		基本 CPP	补充 CPP	基本 CPP	补充 CPP
战略组合	实物资产	34	19	31	19
	现金及绝对收益策略	-20	-11	-27	-16
	合计	100	100	100	100
地域配置	加拿大	11	51	8	44
	除加拿大外的发达市场	56	31	59	37
	新兴市场	33	18	33	19

注：对于现金及绝对收益策略，由于投资组合进行显性和隐性融资，部分融资被绝对收益策略和短期持有的净资产所抵消，这种受控的融资使组合的目标风险水平达到最优，并保持必要的流动性。

资料来源：CPPI 2019 年年报、2022 年年报。

由战略组合产生了一系列“指引”（Guidance），投资部门根据这些指引确定每个投资项目的特定授权（Mandate），以及应该产生的因子敞口。这些“指引”系列包括：投资的性质、区域、类别；对总组合风险收益回报的预期贡献；5 年内资产的目标规模以及风险配置；预期长期风险收益特征；地域、行业及其他指引。

（三）组合管理——目标组合、主动管理组合、平衡组合

战略敞口及相应的投资部门指引给出了一个反映基本 CPP 和补充 CPP 的长期计划。但是，组合的价值每天都在变化，因为投资每天在买入、卖出、重估，所以组合持有的比重以及风险回报因子敞口不可避免地发生变动。CPPI 通过目标组合区间（Target Portfolio Bands）和平衡程序（Balancing Process）来处理这种比重自动改变的情形；给出资产在六大类资产和三个地域比重的波动区间，有时加入更多特别限制，比如在某一国家的投资比例限制。

“核心池”由两个组合构成：一个是主动管理组合（Active

Portfolio)，另一个是平衡组合（Balancing Portfolio）。主动管理组合是投资部门在"指引"引导下进行投资选择而持有的项目集合；平衡组合由全部资产的剩余部分组成，全部以可交易的公开市场债券形式持有。任何时候，在知道主动管理组合的风险回报敞口后，都可以调整平衡组合，使总组合符合目标组合区间、绝对风险限制以及充足的流动性（见图 5-7）。

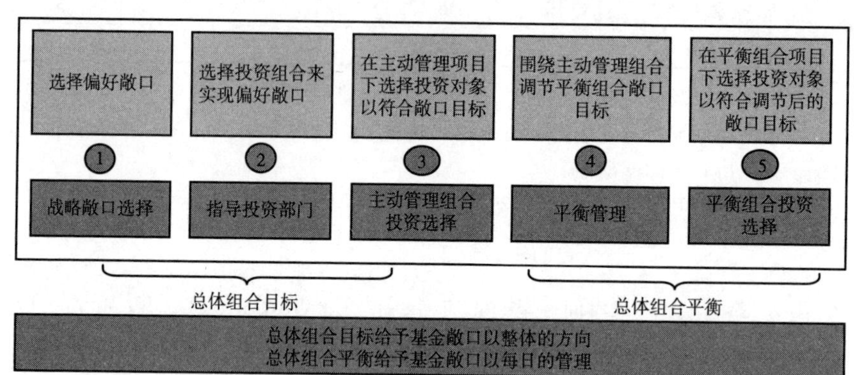

图 5-7 CPPI 总组合投资框架

资料来源：CPPI 年报。

（四）CPPI 实际组合的资产配置情况

截至 2022 年 3 月 31 日，实际投资中配置于公开股票市场的规模占总组合的 27%，私募股权市场投资占总组合的 32%，政府债券（固定收益）占总组合的 7%，信用投资占总组合的 16%，实物资产（房地产、基础设施）投资占总组合的 18%。总组合规模为 5390 亿加元；实际资产配置与战略资产配置略有出入。从 2018~2022 年的实际组合趋势来看，在总组合的大类资产配置中，公开市场股票占比由 2018 年的 39%降至 2022 年的 27%，私募股权占比由 2018 年的 23%上升至 2022 年的 32%，固定收益占比由 2018 年的 11%降至 2022 年的 7%，信用投资占比由 2018 年的 6%升至 2022 年的 16%，房地产设施投资占比呈现下降趋势，由 2018 年的 13%降至 2022 年的 9%，基础设施投资占比基本稳定在 8%~9%（见图 5-8）。

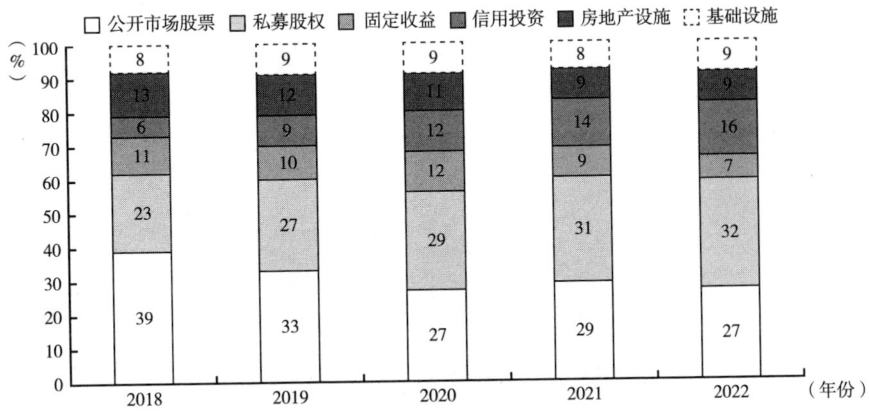

图 5-8　2018~2022 年大类资产配置情况

注：2022 年的统计时间截至 2022 年 3 月 31 日。

资料来源：CPPI 2018~2022 财年年报。

在区域配置方面，2022 年，加拿大国内的资产配置占总组合 16%，国外资产配置占总组合 84%，其中美国配置占比为 36%，亚太地区为 26%，欧洲（除英国）为 16%，拉美为 6%（见图 5-9）。

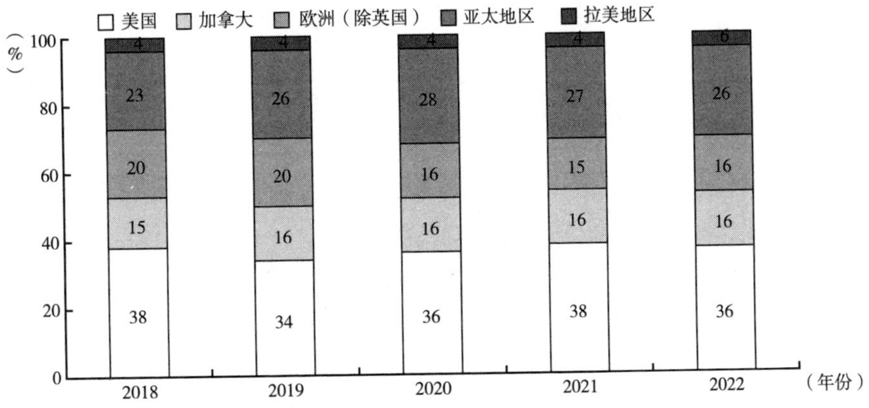

图 5-9　2018~2022 年地域配置情况

资料来源：CPPI 2018~2022 财年年报。

外币资产敞口占总组合的 83%。其中，美元敞口占 40%，欧元占 6%，英镑占 4%，人民币占 10%，其他货币占 23%（见图 5-10）。从 2018~2022 年的地域配置来看，亚太地区占比呈现一定上升趋势，由 2018 年占总组合的 23%上升至 2022 年的 26%，美国的占比略有下降，从 2018 年的 38%降至 2022 年的 36%。

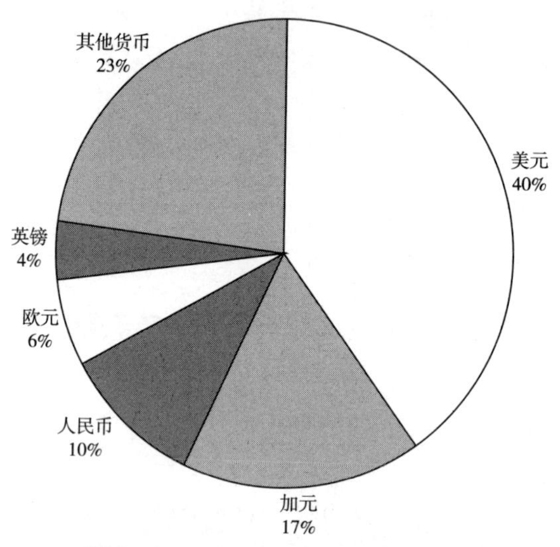

图 5-10　2022 年货币持有结构

注：截至 2022 年 3 月 31 日。
资料来源：CPPI 2022 财年年报。

二　TRS 的资产组合配置模式

截至 2021 财年结束（2021 年 8 月 31 日），得克萨斯州教师退休体系（TRS）的年度收益率为 24.98%，高于基金投资基准（7.25%）17.73 个百分点。过去 5 年（2017~2021 年）与过去 10 年（2013~2021 年）年化收益率分别为 11.43%、9.69%。基金的总投资价值为 2012 亿美元，比 2020 财年高 366 亿美元①。以下为基金的投资相关情况。

① 资料来源：TRS 2021 财年年报。

（一）投资政策目标

TRS 从风险与收益两个方面制定了投资组合的政策目标。风险上，总组合应通过资产维度的适度分散化以及明确长期风险与收益的预期来控制风险。收益上，总组合的长期投资收益率应当满足"三个超过"：（1）超过理事会使用的精算假设回报率；（2）长期年化收益率超过通胀 5 个百分点；（3）超过基金政策基准组合收益率。

（二）配置依据与资产划分[①]

TRS 从经济情景视角出发开展资产配置工作。与传统的从资产类别出发开展资产配置不同，TRS 对经济情景进行定义，统计不同情景在历史周期中的频度，并找出在该情景下表现较好的资产类别组成情景组合（Regime Portfolio），将资金根据情景的频度分配至各情景组合及其组成资产中，最终完成资产配置，分散总组合在不同经济情景下的投资风险。经济情景由 GDP、通胀、盈利增速、生产率、政治稳定度以及估值等变量所处状态定义，共分为三类——"全球股票情景"、"稳定收益情景"和"实际收益情景"（见图 5-11）。

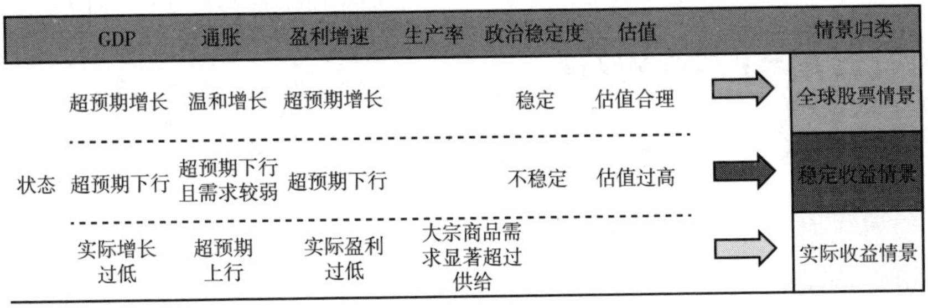

	GDP	通胀	盈利增速	生产率	政治稳定度	估值	情景归类
	超预期增长	温和增长	超预期增长		稳定	估值合理	全球股票情景
状态	超预期下行	超预期下行且需求较弱	超预期下行		不稳定	估值过高	稳定收益情景
	实际增长过低	超预期上行	实际盈利过低	大宗商品需求显著超过供给			实际收益情景

图 5-11　经济情景归类

资料来源：TRS，Investment Policy Statement，https://www.trs.texas.gov/TRS%20Documents/investment_policy_statement.pdf。

① 本部分内容为笔者综合 TRS 年报及官网对配置和投资的描述而进行的分析。

自1948年以来，全球股票情景发生频度为68%，稳定收益情景为14%，实际收益情景为18%。全球股票情景组合由公开市场股票与私募股权两类资产组成，公开市场股票包括美国股票、非美发达股票、新兴市场股票与方向型对冲基金。稳定收益情景组合由美国国债、绝对收益[①]、稳定收益对冲基金、现金等资产组成。实际收益情景组合由全球通胀挂钩债，实物资产[②]，能源、自然资源与基础设施，大宗商品等资产组成（见表5-4）。

表5-4　各情景组合资产类别

情景组合	内含资产类别
全球股票情景	公开市场股票（美国股票、非美发达股票、新兴市场股票、方向型对冲基金）、私募股权
稳定收益情景	美国国债、绝对收益、稳定收益对冲基金、现金
实际收益情景	全球通胀挂钩债，实物资产，能源、自然资源与基础设施，大宗商品

资料来源：TRS，Investment Policy Statement，https：//www.trs.texas.gov/TRS%20Documents/investment_policy_statement.pdf。

在将资金配置各情景组合的同时，还留有5%的资金比例分配给风险平配策略，TRS认为风险平配作为独立的配置策略，可以跨越不同经济周期获取超额收益。

（三）配置比例与预期收益

对于各类情景组合以及资产类别，TRS均给出了目标配置比例、配置比例上界与下界，以及长期预期实际收益率，并据此计算出各

① 绝对收益资产包括美国投资级与高收益公司债、美国结构化固收型产品、非美发达国家国债、新兴市场国债与公司债等投资标的。

② 实物资产包含核心型地产、机会型地产、REITs、特殊机会与增值型地产。核心型地产主要投资各大城市稳定且租住率高的地产项目；机会型地产主要投资历史表现较差、管理不善或估值较低的地产项目；特殊机会地产通过股权或债权的形式投资处于困境的地产项目；增值型地产通过购买一处地产，对相关方面进行改善，在其增值后予以出售。

资产对长期组合的预期、实际收益贡献。

全球股票组合的目标配置比例最高，为54%，配置区间上界为61%，长期预期收益贡献最大，为3.87%。值得关注的是，全球股票组合的配置区间下界为47%，即在投资政策不变的情况下，总组合在任意时刻权益的资产占比接近一半（见表5-5）。稳定收益组合的目标配置比例为21%，长期预期收益贡献为0.13%，配置比例上界为28%，下界为14%；实际收益组合的目标配置比例为21%，长期预期收益贡献为1.35%，配置区间上界为28%，下界为14%；风险平配策略的目标配置比例为8%，长期预期收益贡献为0.28%，配置区间上界为13%，下界为0。以上各项叠加，并考虑现金及资产配置杠杆、通胀预期、波动性拖累因素后，TRS总组合层面长期预期收益贡献为6.9%。与2018年相比，全球股票组合的目标配置比例调低3个百分点，稳定收益组合的目标配置比例调高5个百分点，实际收益组合的目标配置比例调高1个百分点，风险平配策略的目标配置比例调高3个百分点。

表5-5　TRS大类资产目标配置比例与长期预期收益

单位：%

资产类别	区间下界	区间上界	目标比例	长期预期实际收益率	长期预期收益贡献
全球股票组合	47	61	54		
美国股票	13	23	18	3.6	0.94
非美发达股票	8	18	13	4.4	0.83
新兴市场股票	4	14	9	4.6	0.74
私募股权	9	19	14	6.3	1.36
稳定收益组合	14	28	21		
政府债券	0	21	16	-0.2	0.01
绝对收益	0	10	5	1.1	0
稳定收益对冲基金	0	20	0	2.2	0.12
实际收益组合	14	28	21		
房地产	10	20	15	4.5	1
能源、自然资源与基础设施	1	11	6	4.7	0.35
大宗商品	0	5	0	1.7	0

续表

资产类别	区间下界	区间上界	目标比例	长期预期实际收益率	长期预期收益贡献
风险平配策略	0	13	8	-0.7	0.28
现金	0	7	2	-0.5	-0.01
资产配置杠杆	0	0	-6	-0.5	0.03
通胀预期					2.2
波动性拖累*					-0.95
TRS 总组合			100		6.9

*波动性拖累源于几何平均回报与算术平均回报换算的差异，本表为几何平均回报。

资料来源：TRS 2021 财年年报。

截至 2021 年 8 月 31 日，TRS 实际组合中全球股票组合的占比为 56.3%，高于目标配置比例；稳定收益组合的占比为 21.6%，超过目标比例 0.6 个百分点；实际收益组合的占比为 17.5%，低于目标比例 3.5 个百分点；风险平配策略的占比为 7.9%，与目标比例相当（见表 5-6）。与 2018 年相比，实际组合的配置中，全球股票组合的配置比例下降 1 个百分点，其中美国股票、新兴市场股票、非美发达股票均下降；稳定收益组合的配置比例略有下降，为 1.2 个百分点，其中，政府债券及稳定收益对冲基金配置上升，绝对收益配置略有上升；实际收益组合的配置比例上升 0.6 个百分点，其中，房地产、大宗商品的配置比例上升，能源、自然资源与基础设施的配置比例下降；风险平配策略的配置比例上升 2.9 个百分点，现金的配置比例上升 0.9 个百分点（见图 5-12）。

表 5-6　2011~2021 年大类资产配置情况

单位：%

资产类别	2011 年	2016 年	2018 年	2020 年	2021 年
全球股票组合	61.1	59.8	57.3	55.8	56.3
美国股票	24.8	20.1	17.6	15.8	15.2
非美发达股票	11.7	13.7	13.2	12.9	12.3
新兴市场股票	14.3	10.2	8.8	9.2	8.3
方向型对冲基金		3.8	3.9	3.4	3.2
私募股权	10.4	12.0	13.8	14.5	17.3

续表

资产类别	2011 年	2016 年	2018 年	2020 年	2021 年
稳定收益组合	23.4	19.5	20.4	23.1	21.6
政府债券	16.4	13.4	13.7	14.4	14.2
绝对收益	3.0	1.9	2.5	3.7	2.7
稳定收益对冲基金	4.0	4.1	4.2	5.0	4.7
实际收益组合	14.2	16.0	16.9	18.6	17.5
房地产	11.1	13.9	11.9	13.4	12.4
能源、自然资源与基础设施		1.9	5.0	5.0	4.9
大宗商品	3.1	0.2	0.0	0.2	0.2
风险平配策略		4.5	5.0	8.1	7.9
现金	1.3	0.2	0.4	1.5	1.3
资产配置杠杆				-7.0	-4.6
TRS 总组合	100	100	100	100	100

资料来源：TRS 2021 财年年报。

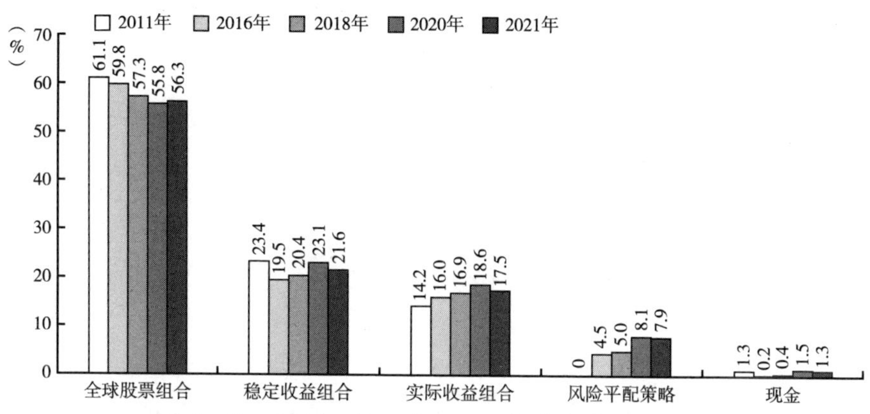

图 5-12　2011~2021 年 TRS 大类资产配置情况

资料来源：TRS 2021 财年年报。

（四）区域配置与投资方式

总体来说，尽管 TRS 资金来源主要为得克萨斯州教师薪酬收入，但根据分散投资的理念，TRS 实质上开展了较大规模的境外投资，分享全球不同区域的增长红利，丰富组合收益来源，为改善得克萨斯州教师群体整体的养老生活水平提供了更多支持。按年报中有明确标识的数据统计（由于数据可得性，此处选取2018财年数据），美国境内敞口的规模为558.8亿美元，占总组合的36.3%；境外敞口的规模为336.2亿美元，占总组合21.8%；其余未明确标识敞口的规模为646.4亿美元，占总组合的41.9%（见图5-13）。从货币视角来看，TRS非美元货币敞口约为302.5亿美元，占总组合的比例约为19.6%。

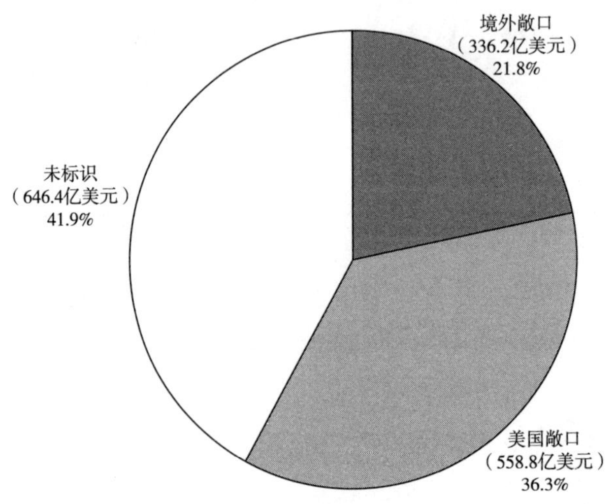

图5-13　2018财年敞口区域分布

资料来源：TRS 2018财年年报。

在自营与委托的选择上，53.3%的资产规模聘用外部管理人进行投资（委托投资）（见图5-14）。以战略合作伙伴（Strategic Partnership Network，SPN）为例，TRS聘用公开市场SPN、非公开市场SPN以及战术机会型SPN。公开市场SPN已于十年前启动，初始投资为40亿美元，委托四家投资管理人根据TRS的资产划分开展全球投资，到2018年8月底，已增值至83亿美元。借鉴公开市场SPN经验，2012年，TRS与Apollo与KKR结成非公开市场SPN，承诺投资80亿美元，到2018年8月底资产净值为43亿美元。从2015年起，TRS选聘战术机会型SPN，对快速配置与战术机会型（包括非传统信用投资）项目分别承诺投资10亿美元，总承诺投资金额为30亿美元，到 2018 年 8 月底，资产净值为 15 亿美元。到 2018 年 8 月底，三类 SPN 总计资产净值为 141 亿美元（见图 5-15）。

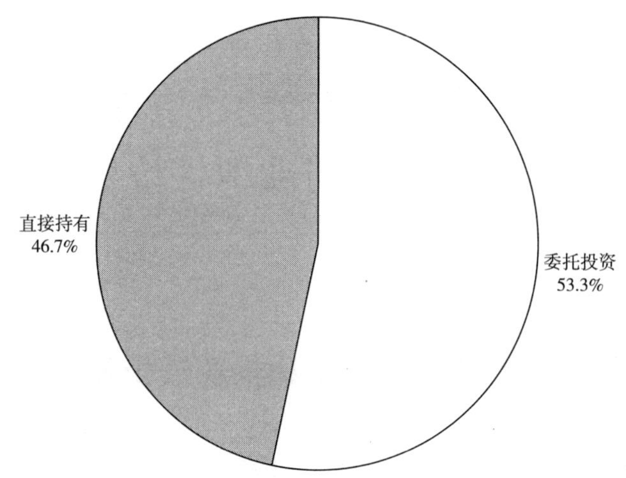

图 5-14　直接持有与委托投资选择分布

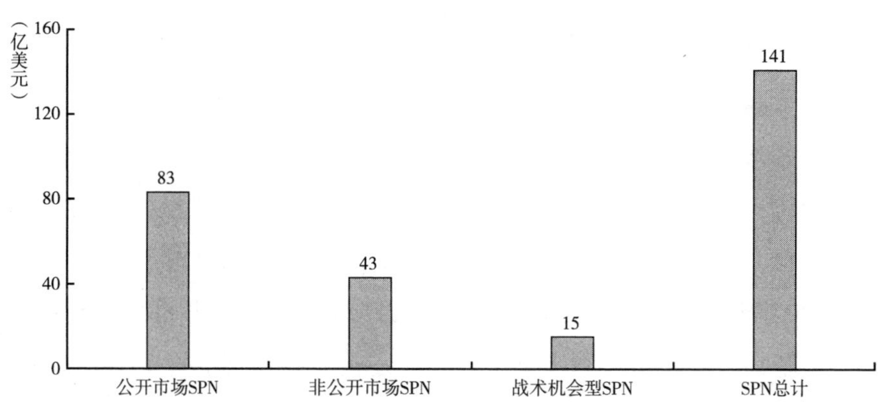

图 5-15　各类 SPN 资产净值及 SPN 总计资产净值（截至 2018 年 8 月底）

资料来源：TRS 年报。

衍生工具方面，TRS 并未大规模使用衍生工具进行敞口管理或风险管理等操作。根据 2021 年财务报表数据，TRS 直接持有的衍生品（包括远期、期权、互换等）市值约为 3.5 亿美元，在总组合中的规模占比不到 0.02%。

第六章　机构投资者的投资业绩基准与业绩评价

第一节　投资业绩基准的设置

一　选择投资业绩基准的重要性及一般原则

选择业绩基准对投资机构非常重要，既是衡量超额收益的起点，也是薪酬激励机制的起点。余家鸿等指出投资基准的主要作用包括：一是组合构建，作为开展投资和构建组合的参考物；二是信息沟通，向组合经理和相关人员传递关于投资的指引信息；三是业绩归因，进行投资业绩归因分析，解释业绩来源；四是业绩评价，评价投资业绩，进行组合经理评价；五是风险评估，帮助识别和评估组合的风险敞口和风险水平。[①] 例如，CPPI 总组合层面的参考组合，既定义了投资基准，也定义了风险基准，同时还是激励薪酬的重要参考指标。

余家鸿等认为，基准选择的一般原则包括：一是清晰性，所含成分名称和权重清晰；二是可投资性，组合经理拥有纯被动投资该基准的选择，且投资不会干扰市场；三是可度量性，可以以合理的、较频繁的程度计算该基准的收益情况；四是适宜性，该基准应与投资组合的风格或组合经理的专业技能一致；五是反映投资观点，组

---

① 余家鸿、吴鹏、李玥编著《探秘资管前沿——风险平价量化投资》，中信出版集团，2018，第 152~162 页。

合经理对于基准的持仓有足够的认识，能够形成对于这些头寸估值吸引力的判断；六是预先设定，对于该基准的相关计算内容的确定应早于对组合经理的业绩考核；七是可接受，对于投资经理而言，愿意接受该基准作为考核标准。[①]

二　投资业绩基准的主要类型

余家鸿等指出，常见的业绩基准包括绝对基准和相对基准。[②] 绝对基准是指以某一固定的绝对收益率或在某一经济指标基础上上浮一定数值的形式作为投资的绝对收益目标。绝对基准主要有三种形式：一是基于投资的资金成本所设定的绝对收益目标，通常该收益也是投资的门槛收益率（可接受的最低回报水平）；二是反映对于资本市场长期收益水平合理预期的绝对收益目标；三是在某个经济指标基础上上浮一定数值，以反映目标投资业绩的属性，例如 CPI+2%。绝对基准不具有可投资性，也不适合用于进行短期业绩评估。

相对基准用机会成本的概念评价投资业绩，包括同业管理人业绩和市场指数两种。同业管理人业绩又可以细分为同业管理人分位数和同业管理人平均值。但是，同业管理人业绩存在的问题是找到可比的同业管理人以及同业管理人不披露所持仓位，而且存在幸存者偏差。

对于风险平价策略，还有因子模型基准和头寸定制基准。因子模型基准是在无风险收益的基础上，加上组合面向的各种风险因子的溢价，最终将组合业绩与该基准进行比较。头寸定制基准从组合的实际持仓出发，由固定比例的头寸构成业绩基准。

余家鸿等从表述是否清晰、是否可投资、是否可度量、对投资

---

① 余家鸿、吴鹏、李玥编著《探秘资管前沿——风险平价量化投资》，中信出版集团，2018，第 153~154 页。

② 余家鸿、吴鹏、李玥编著《探秘资管前沿——风险平价量化投资》，中信出版集团，2018，第 155~162 页。

机构的适宜性、是否反映投资观点、是否预先设定几个方面概括了不同基准的特点（见表6-1）。

表6-1 按照基准选择的一般原则比较不同类型的基准

基准类型	表述是否清晰	是否可投资	是否可度量	对投资机构的适宜性	是否反映投资观点	是否预先设定
绝对基准	是	否	是	否	否	是
相对基准(市场指数)	是	是	是	否	否	是
相对基准(同业管理人分位数)	否	否	是	是	是	否
相对基准(同业管理人平均值)	否	否	是	是	是	是
因子模型基准	是	是	是	是	是	是
头寸定制基准	是	是	是	是	否	是

资料来源：余家鸿、吴鹏、李玥编著《探秘资管前沿——风险平价量化投资》，中信出版集团，2018，第162页。

三 大类资产的常用基准

公开市场股票常见基准为S&P、MSCI、FTSE Russell等全球知名指数机构发布的公开市场股票指数。如美国境内股票基准有S&P500、MSCI USA Index、Russell 3000等；美国境外股票常见基准为MSCI World ex-US Index、MSCI All Country World Index等。债券资产常见基准为Barclays、彭博（Bloomberg）或美银美林（BofA Merrill Lynch）等指数供应商发布的债券指数。

与公开市场股票、债券不同，另类资产的基准相对更难设置。由于另类资产的流动性相对较差，基准较难发挥指导投资的作用，且大多数情况下基准本身不能通过被动方式跟踪。客观来说，另类资产基准的主要作用是为同业比较提供依据，但出现基准博弈的概率更大，比如，在加点幅度上，自由裁量权较高，因而可能在资产层面持续超越基准，但是对组合层面的贡献并不显著。

私募股权常用基准分为三类：公开市场股票指数、公开市场股票指数加点、由第三方机构统计的 PE（私募股权）行业指数。就占比而言，使用公开市场股票作为参考基准的占比（约 60%）略高于 PE 行业指数（约 40%）（见表 6-2）。

表 6-2　私募股权基准设置示例

单位：只，%

基准类型	数量	占比	示例
公开市场股票指数加点	49	46	Russell 3000+3%或 80% Russell 3000+ 20% MSCI EAFE+3%延后一季度
PE 行业指数	42	39	Cambridge Associates US All PE 或 Burgiss All Private Equity
公开市场股票指数	16	15	S&P 500

资料来源：Center for Retirement Research, Pension Investment Performance Detailed, Public Plans Data, https：//view. officeapps. live. com/op/view. aspx? src = https%3A%2F%2Fpublicplansdata. org%2Fwp-content%2Fuploads%2F2013%2F12%2FPensionInvestmentPerformanceDetailed. xlsx&wdOrigin = BROWSELINK。

对冲基金基准共分为三大类：HFRI 系列指数（对冲基金行业业绩指数）、HFRI 系列指数加点、短期无风险利率加点。采纳 HFRI 系列指数的占比超过 60%（见表 6-3）。

表 6-3　对冲基金基准设置示例

单位：只，%

类型	数量	占比	示例
HFRI 系列指数	39	62	HFRI Fund of Funds 指数
短期无风险利率加点	19	30	LIBOR+3%
HFRI 系列指数加点	5	8	HFRI+1%

资料来源：Center for Retirement Research, Pension Investment Performance Detailed, Public Plans Data, https：//view. officeapps. live. com/op/view. aspx? src = https%3A%2F%2Fpublicplansdata. org% 2Fwp-content% 2Fuploads% 2F2013% 2F12% 2FPensionInvestmentPerformanceDetailed. xlsx&wdOrigin = BROWSELINK。

风险均配策略并未被机构投资者广泛配置，基准设置上相对较为个性化，因此，在基准设置上，各机构更多体现了自身配置意图。配置风险均配机构所采用的基准既有相对收益（股债基准组合）型基准，也有绝对收益型基准，表 6-4 展示了部分风险均配机构所采用的基准。

表 6-4 风险均配基准设置示例

养老金计划	风险均配基准
Ohio PERS	HFR Risk Parity Index(Vol. 15)
New Mexico Educational	LIBOR+2%
Arizona State Corrections Officers	60% Barclays Global Bond Index +30% MSCI ACWI+10% DJ UBS Commodity Index
Arizona Public Safety	60% Barclays Global Bond Index +30% MSCI ACWI+10% DJ UBS Commodity Index
Indiana Teachers	60% MSCI ACWI+40% Barclays Global Bond Index
Indiana PERF	60% MSCI ACWI+40% Barclays Global Bond Index
Cincinnati ERS	60% Willshire 5000+40% BarCap Aggregate
Texas Teachers	基于风险平配管理人实际业绩采样计算
Pennsylvania School Employees	MSCI ACWI(50%); Barclays Capital U.S. Treasury Index(75%); Barclays Capital World Inflation Linked Bond Index Hedged (55%); Bloomberg Commodity Index (Total Return) (15%); Bloomberg Gold Subindex(5%);3-Month LIBOR(-100%)
Austin ERS	S&P Risk Parity Index(Vol. 10)

资料来源：Center for Retirement Research, Pension Investment Performance Detailed, Public Plans Data, https://view.officeapps.live.com/op/view.aspx? src=https%3A%2F%2Fpublicplansdata.org%2Fwp-content%2Fuploads%2F2013%2F12%2FPensionInvestmentPerformanceDetailed.xlsx&wdOrigin=BROWSELINK。

房地产领域较常用于作为基准的指数有两种：一个是 NCREIF（National Council of Real Estate Investment Fiduciaries）指数，另一个是 NAREIT（National Association of Real Estate Investment Trusts）指数。其中，NCREIF 指数针对直接投资，NAREIT 指数针对间接投

资。NCREIF 指数基于其所选取的房地产类资产样本的估值在每个季度发布一次，因此不能通过直接复制获取其敞口。NAREIT 指数中包含的是公开市场可交易的 REITs，具有可投资性与可复制性。大多数样本内养老退休计划使用 NCREIF 指数作为参考基准，占比在 90%以上（包含与 NAREIT 复合的基准以及 NCREIF 加点类型的基准）（见表 6-5）。

表 6-5　房地产基准设置示例

单位：只，%

基准类型	数量	占比	示例
NCREIF	86	71.1	NCREIF Open-End Diversified Core Equity Index（NFI ODCE）或 NCREIF Property Index（NPI）
NCREIF 加点	16	13.2	NFI ODCE+1%
NAREIT+NCREIF	11	9.1	80% NFI ODCE + 20% FTSE EPRA NAREIT DEVELOPED
复合公开市场指数	4	3.3	70% FTSE NAREIT All Equity REITS+30% Barclays CMBS
CPI 加点	3	2.5	CPI+5%
替代组合	1	0.8	MSCI US REIT Index multiplied by 120% Less 20% of the Citi US Three-Month Treasury-Bill Index

资料来源：Center for Retirement Research，Pension Investment Performance Detailed，Public Plans Data，https：//view.officeapps.live.com/op/view.aspx? src=https%3A%2F%2Fpublicplansdata.org%2Fwp-content%2Fuploads%2F2013%2F12%2FPensionInvestmentPerformanceDetailed.xlsx&wdOrigin=BROWSELINK。

四　TRS 和 CPPI 所采用的投资基准

TRS 投资基准是每类资产都有能够刻画该类资产投资机会以及风险收益特征的基准。但对于部分非公开市场或由多种资产组成的资产类别，基准的功能更多的是作为一个预期回报的代理评估变量，而非对实际投资的近似。TRS 将这些基准称为“政策基准”，每类资产选择相应的业绩基准（见表 6-6）。

表 6-6　TRS 各类资产基准

资产类别		基准
全球股票组合	美国股票	MSCI USA Investable Market
	非美发达股票	MSCI EAFE+Canada Market Index
	新兴市场股票	MSCI Emerging Markets Market Index
	私募股权	Customized State Street Private Equity Index（滞后一季度）
稳定收益组合	政府债券	Bloomberg Barclays Long Treasury Index
	绝对收益	3 Month LIBOR+2%
	稳定收益对冲基金	HFRI Fund of Funds Conservative
实际收益组合	房地产	NCREIF ODCE（滞后季度）
	能源、自然资源与基础设施	40% Cambridge Associates Natural Resouces, 40% Cambridge Associates Infrustructure, 20% Quarterly CPI（滞后季度）
	大宗商品	Goldman Sachs Commodity Index
风险平配策略		HFR Risk Parity Vol 12 Institutional Index
现金		FTSE 3 Month Treasury Bill
资产配置杠杆		3 Month LIBOR

资料来源：TRS 2021 财年年报，*2021 Comprehensive Financial Report*，https://www.trs.texas.gov/TRS%20Documents/acfr-2021.pdf。

CPPI 在总组合层面，以参考组合为回报的基准，超过参考组合的回报为超额回报，超额收益的绝对值被称为加元增加值（Dollar Value Added，DVA）。在各个投资项目层面，基准反映各投资项目的特征、风险敞口以及内在机会，基准作为各投资项目成功与否的年度评价的一部分。各项目的具体基准如下。

（1）公开市场。多数主动管理项目旨在产生独立于市场变动的回报。每年年初，为所有项目制定风险配置和目标信息比率。信息比率是经风险调整后的表现评估，计算方法为超额回报/主动风险。明确的信息比率给出了各项目的回报目标。对于包括特定系统风险的项目，则选择有关公开市场指标或指标组合作为基准。

（2）私募股权。根据项目，选择发达市场或全球大市值/中型市值公开市场股票指数作为基准。

（3）自然资源。选择发达国家能源行业大市值/中型市值公开市场股票指数。

（4）基础设施。选择全球大中市值公开市场股票与 G7 政府债券指数的混合权重指标。

（5）包括知识产权投资在内的私人信贷投资。指标由三种指数的混合权重组成：美国杠杆贷款、美国高收益公司债、新兴市场债。

（6）私募地产股权。选择全球地产基金指数。

（7）私募地产债权。选择投资级 REITs 债券指数与杠杆贷款指数的混合权重。

第二节　投资业绩表现

一　TRS 投资业绩

（一）实现收益

TRS 的历史收益率为时间加权收益率。收益率由道富银行和信托公司（State Street Bank & Trust Co.），即 TRS 的托管银行，按照业界最佳实践独立测算得出。计算收益率时，已考虑现金流、银行费用、外部管理人费用、法律费用与托管费等因素，但未扣除内部部门 IMD 的行政支出。

由于 TRS 的财政年度在 2021 年 8 月 31 日结束，考虑到数据完整性，TRS 提供了截至 2021 年 6 月 30 日的组合实际时间加权投资收益与基准表现数据。过去 10 年，各情景组合均实现正收益，其中，全球股票年化收益率为 9.9%，稳定收益率为 6.7%，实际收益率为

7.7%。大宗商品是唯一在过去10年（2012~2021年）亏损的资产类别，年化收益率为-8.9%（见表6-7）。

表6-7　历史收益表现

单位：%

资产类别	2021年	过去3年（2019~2021年）	过去5年（2017~2021年）	过去10年（2012~2021年）
美国股票	46.2	16.1	16.1	13
非美发达股票	33.1	8.6	10.4	6.4
新兴市场股票	42.1	12.5	13.7	5.2
私募股权	55.1	19	17.5	14.9
全球股票组合	44.8	14.4	14.5	9.9
美国股票基准	44.4	18.9	18	14.7
非美发达股票基准	33.5	8.6	10.4	5.7
新兴市场股票基准	40.9	11.4	13.1	4.3
私募股权基准	52.8	18.9	17.1	13.1
全球股票组合基准	44.4	15.1	14.9	9.9
政府债券	-11	8.2	3.2	7.2
绝对收益	22.8	9.1	7.9	10.1
稳定收益对冲基金	13.2	5.8	6.2	4.6
稳定收益组合	-1.3	7.6	4.6	6.7
政府债券基准	-10.6	8	3.1	6.7
绝对收益基准	2.2	3.5	3.5	2.9
稳定收益对冲基金基准	14.8	5.3	5	3.9
稳定收益组合基准	-5.1	7.5	3.8	6
房地产	10	7.4	9.3	10.7
能源、自然资源与基础设施	15	2.5		
大宗商品	20.8	-2.8	-0.2	-8.9
实际收益组合	11.5	5.9	7.6	7.7
房地产基准	1.5	4	5.3	8.7
能源、自然资源与基础设施基准	14.9	2.2		
大宗商品基准	57.4	-2.7	1.7	-6.5
实际收益组合基准	5	3.4	4.7	6.5
风险平配策略	24.3	8.3	8.5	
风险平配策略基准	25.2	11	9.4	
现金	0.6	1.1	1.6	1.9

续表

资产类别	2021 年	过去 3 年（2019~2021 年）	过去 5 年（2017~2021 年）	过去 10 年（2012~2021 年）
现金基准	0.1	1.3	1.2	0.6
TRS 总组合	27.3	11.3	11.2	9
TRS 总组合基准	25.1	11.3	10.8	8.7

资料来源：TRS 2021 财年年报。

（二）总组合层级的超额收益

TRS 总组合在过去 3 年（2019~2021 年）、过去 5 年（2017~2021 年）、过去 10 年（2012~2021 年）的周期中，超越了政策基准或与基准持平，从 10 年周期来看，超过基准 30BP（见图 6-1）。

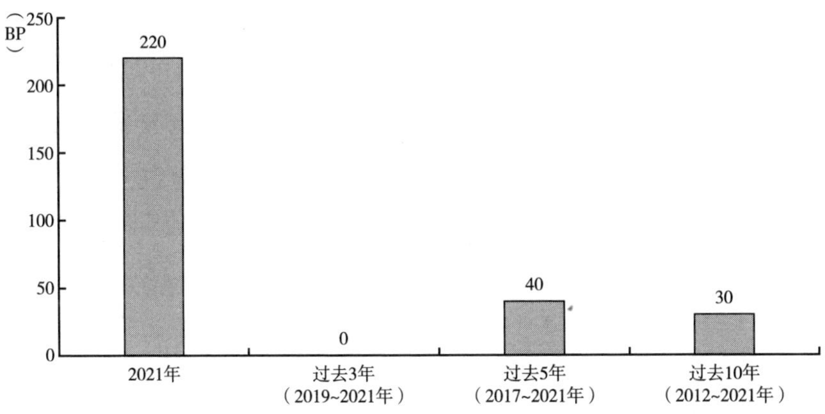

图 6-1　超额收益——总组合层级

注：2021 年数据截至 2021 年 6 月 30 日。
资料来源：TRS 2021 财年年报，经笔者计算整理得到。

对于组合层级，稳定收益与实际收益在各周期都超越政策基准。在过去 10 年（2012~2021 年）窗口下，稳定收益年化超越基准 70BP，实际收益年化超越基准 120BP。全球股票的超额收益并不稳定，过去 10 年（2012~2021 年）与基准持平，在过去 3 年（2019~2021 年）落后基准 70BP（见图 6-2）。

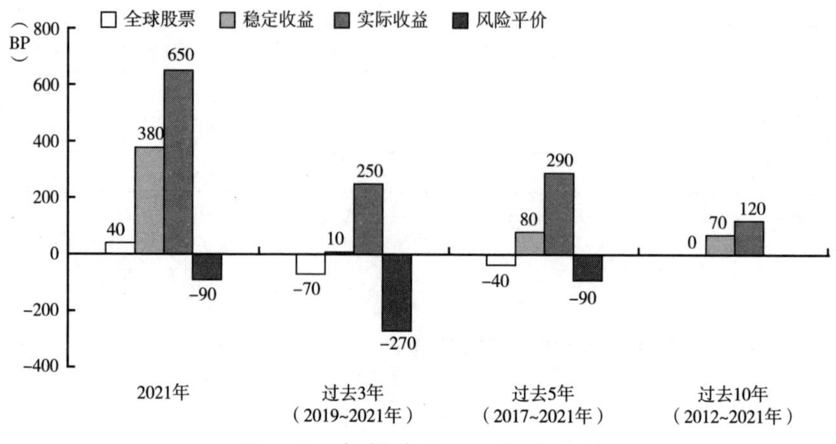

图 6-2 超额收益——组合层级

注：2021 年数据截至 2021 年 6 月 30 日。

资料来源：TRS 2021 财年年报，经笔者计算整理得到。

对于全球股票组合内部，新兴市场股票和私募股权在各个周期的表现均超越基准，过去 10 年（2012~2021 年），分别超越基准 90BP 和 180BP（见图 6-3）。公开市场股票中，美国股票和非美发达股票的表现的差异很大，2021 年，美国股票超越基准 180BP，而非美发达股票落后于基准 40BP。从过去 3 年（2019~2021 年）、过去 5 年（2017~2021 年）、过去 10 年（2012~2021 年）的周期来看，美国股票的表现全部落后于基准，分别落后 280BP、190BP、170BP；非美发达股票则与基准持平或超越基准，分别为 0、0、70BP。

稳定收益在所有周期都超越基准，其中，最为突出的是绝对收益，2021 年超过基准 2060BP，过去 10 年（2012~2021 年）超越基准 720BP（见图 6-4）。但是，存在一定程度的基准博弈，超额收益的主要来源基于投资标的的风险水平与选取基准不匹配。绝对收益政策基准为 3 个月 LIBOR 利率+2%，底层资产则以美国投资级债券、高收益债券、非美发达国债、新兴市场国债与公司债等标的为主。

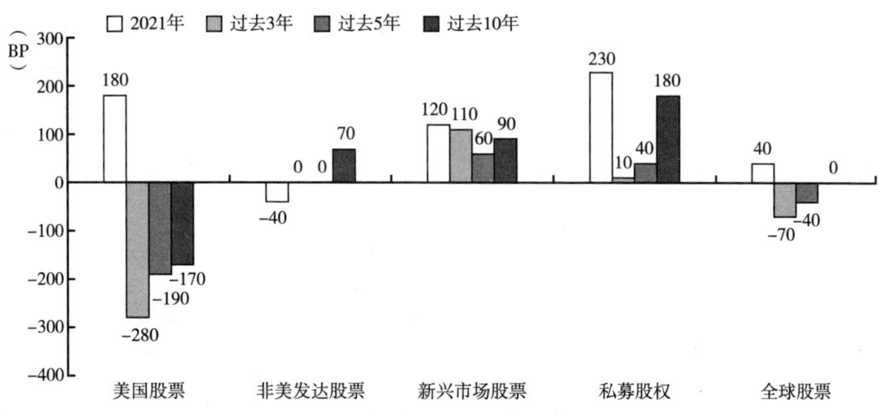

图 6-3　全球股票超额收益分解

注：过去 3 年指 2019～2021 年，过去 5 年指 2017～2021 年，过去 10 年指 2012～2021 年，图 6-4、图 6-5 同。

资料来源：TRS 2021 财年年报，经笔者计算整理得到。

基准使用了衡量阿尔法收益（即与市场走势无关的绝对收益）常用的无风险利率加固定百分点的考核方式，而底层资产则是与利率及信用利差等大类风险因子相关的贝塔资产。

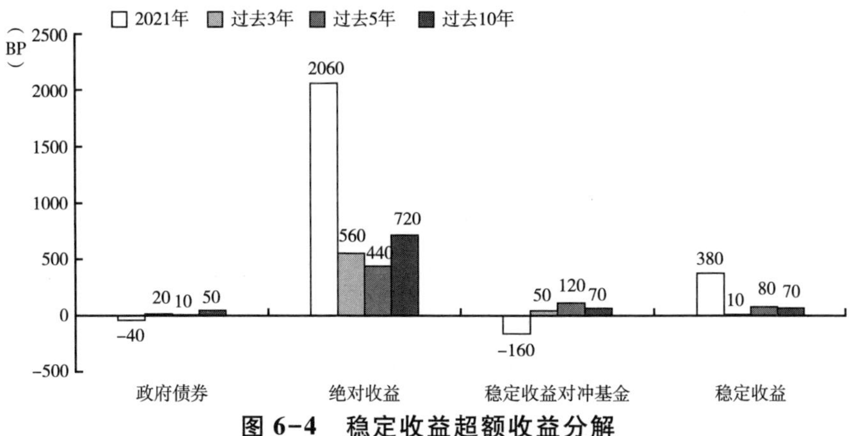

图 6-4　稳定收益超额收益分解

资料来源：TRS 2021 财年年报，经笔者计算整理得到。

在实际收益组合内部，能源、自然资源与基础设施资产仅有 2021 年和过去 3 年（2019～2021 年）数据，重点关注其他资产。房地产长周期稳定超越基准，2021 年超过基准 850BP，过去 10 年（2012~2021 年）超越基准 200BP。大宗商品波动较大，所有周期落后于基准，2021 年落后基准 3660BP，过去 10 年（2012~2021 年）落后基准 240BP（见图 6-5）。

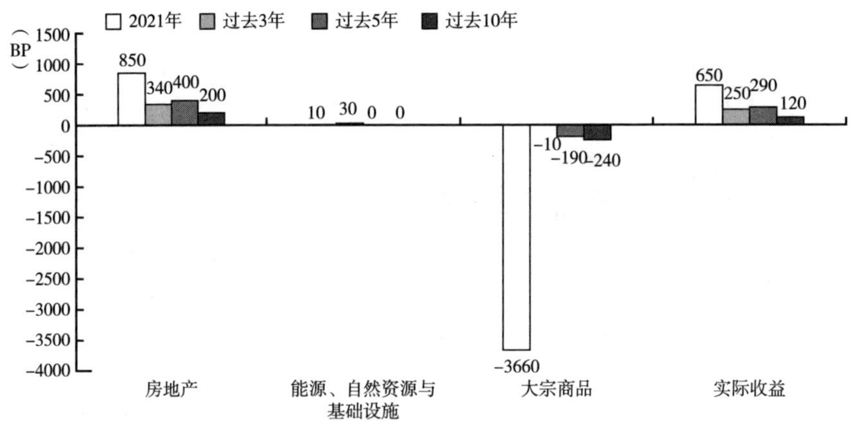

图 6-5 实际收益情景超额收益分解

资料来源：TRS 2021 财年年报，经笔者计算得到。

二 CPPI 投资业绩

从绝对投资回报水平来看，2000~2022 年，CPPI 有 11 年的投资净回报率在 10%以上；有 5 年的投资净回报率在 5%~10%；仅 2003 年、2008 年、2009 年的投资净回报率为负值（见图 6-6）。而 2008 年、2009 年受到全球金融危机影响，投资回报率仍高于市场平均水平。2013~2022 年的年均回报率达到 10.9%，为行业所瞩目。

绝对回报率的良好表现使 CPP 基金的资产规模迅速积累，从 1999 年的 365 亿加元增至 2006 年的 980 亿加元，2022 年达到 5390 亿加元，21 世纪以来的 20 多年时间里，CPP 基金的资产规模是 20 世纪末的近 15 倍（见图 6-7）。在最近十年的 CPP 基金资产中，投资回报对资产规模积累的贡献达到 2/3。

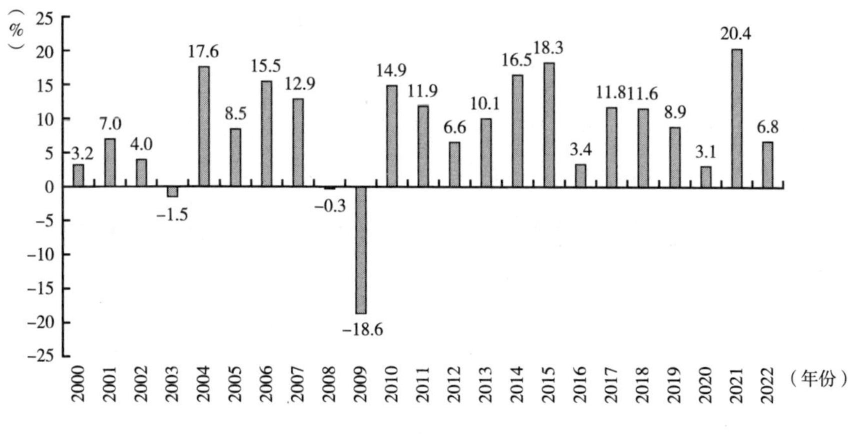

图 6-6　2000~2022 年总组合投资净回报率

资料来源：CPPI 2006~2022 财年年报。

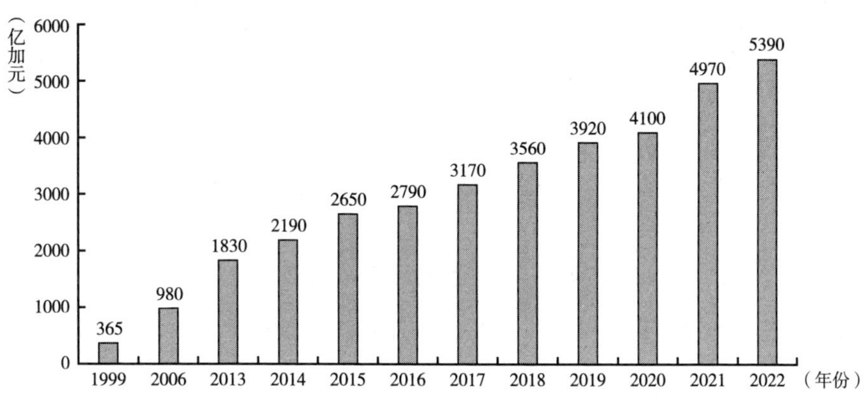

图 6-7　1999~2022 年 CPP 基金的资产规模

资料来源：CPPI 2006~2022 财年年报。

从相对收益来看，加元增加值是 CPPI 评价相对收益的指标，即总组合实际回报高于或低于参考组合回报的表现。自 2006 财年开始，CPPI 实施主动管理，这部分超额主要体现为主动管理带来的回报。以 2022 财年为例，组合净回报率为 9.2%，参考组合回报率为 6.8%，实际组合净回报超越参考组合回报的金额为 100 亿加元（见图 6-8）。2007 财年到 2022 财年的 DVA 呈现以下特点。一是实际总组合仅在2010财年跑输参考组合，其他财年均跑赢参考组合。二是虽然各财年情况有起伏，但是，2016财年之后的DVA总体水平高于之前财年的DVA。三是DVA是正值意味着主动管理带来正向回报，自2006财年实施主动管理以来，到2022财年结束，DVA达到410亿加元，相对于2022年5390亿加元的总组合来看，主动管理带来的超额回报对总组合的贡献达到7.6%。

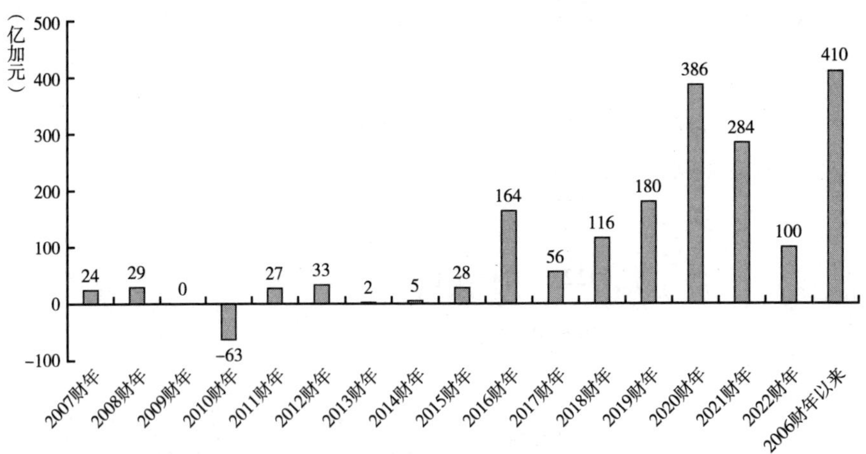

图 6-8　2006~2022 财年实施主动管理产生的 DVA

资料来源：CPPI 2006~2022 财年年报。

CPPI 的主动管理使总组合的投资回报的波动水平低于参考组合投资回报的波动水平，也即通过主动管理使总组合收益的波动性低于市场的波动性（见图 6-9）。

第三节　投资业绩评估与归因

一　投资业绩评估的重要性

投资业绩评估的重要性毋庸置疑。对机构投资者而言，进行客观的投资业绩评估，在回顾投资策略、挑选投资管理人等方面都非常重要。余家鸿等指出，业绩评估包括业绩衡量、业绩归因、业绩评价三个环节。①

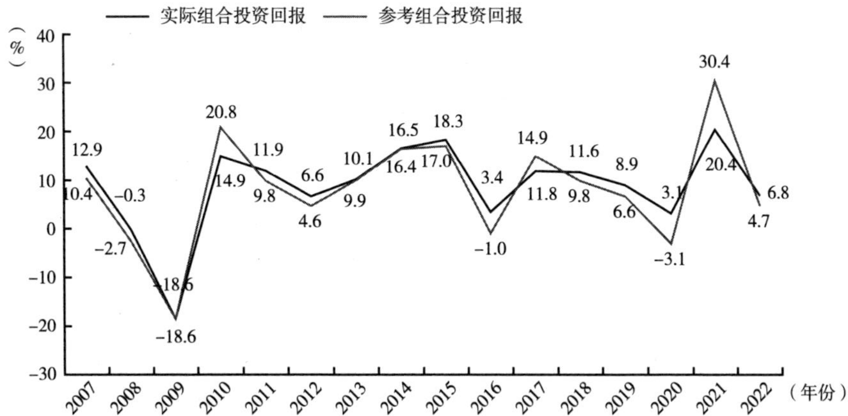

图 6-9　2007~2022 年实际组合投资回报与参考组合投资回报

资料来源：CPPI 2007~2022 财年年报。

第一，业绩衡量是指准确、合理地计量投资业绩的客观结果。通常所说的收益率指时间加权收益率，此外，非常重要的是风险调整后收益率，常用的是夏普比率，即每单位风险所对应的超额收益。

第二，业绩归因关注收益来源，尤其是超额收益来源。业绩归因包括绝对归因和相对归因，前者是指对绝对收益的归因，后者是指对相对收益的归因。对于公开市场投资而言，常用的归因模型是 Brinson 模型，将超额收益的来源划分为两个：一是对基准中不同板块的超配或低配取得的配置效果；二是板块内部个股进行选择带来的选券效果。

第三，业绩评价甄别投资业绩的取得来源于技能还是运气，评价投资能力是否稳定、可靠，可以通过定性和定量的方法进行评价，主要回答三个问题：投资组合承担的风险是否获得了合理的收益以

① 余家鸿、吴鹏、李玥编著《探秘资管前沿——风险平价量化投资》，中信出版集团，2018，第 162~167 页。

作为回报？组合经理的业绩相对于其同业管理人的表现如何？获得如此投资业绩是基于实力还是运气？

第四，业绩评估与薪酬激励制度密切相关，本书薪酬激励部分将详细阐述业绩评估在薪酬激励中的案例。

二　CPPI 投资回报的来源

CPPI 将投资回报的来源归纳为以下三个方面（见图 6-10）。

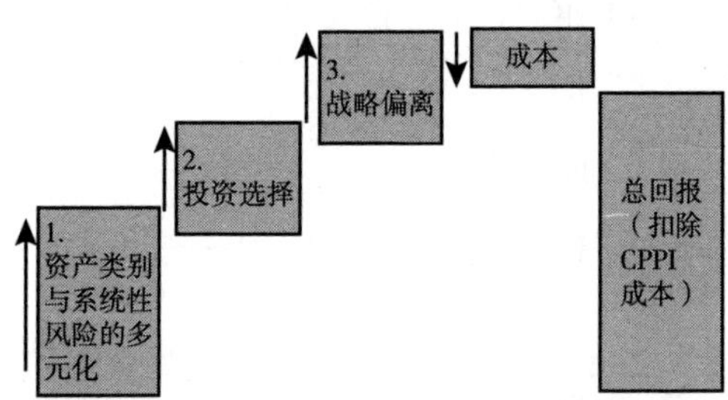

图 6-10　投资回报的三个主要来源

资料来源：CPPI 2020 财年年报。

（一）多元化（Diversification）

多元化是指在资产类别、国家、货币以及回报—风险因子方面的多元化。多元化是总组合回报的最主要来源。CPPI 将资产多元化配置在远超参考组合（一个被动基准，仅包括全球公开股票和加拿大政府名义债券两类资产）的资产范围，并不增加总风险。主要包括以下三大类别广义资产。

1. 公开市场证券

公开市场证券包括持有上市公司的股票、债券，以及政府债券。

2. 私募公司投资

这包括投资私募公司的股、债，不仅获得如同投资公开市场的收益，而且获得非流动性溢价。

3. 实物资产

从投资有形资产中获取收益，包括物业收入、设备使用费、油气收入等，这些收入来自房地产、基础设施、再生能源和自然资源方面的投资。CPPI 通过私募企业、合伙及其他形式，以股、债等方式持有实物资产。2019 财年，CPPI 将基金 55%的资产配置在私募市场。

（二）投资选择（Investment Selection）

投资选择是产生阿尔法收益的来源。投资选择带来的潜在加元增加值与多元化相当，但是由于投资选择面临激烈的市场竞争，其带来的加元增加值的长期可靠性低于来自多元化的贡献。原因在于，主动管理要在覆盖较高的管理费之外，获得多于平均的收益；当市场变得越来越有效时，主动管理很难击败市场指数。在特定时间和特定市场，主动管理有输家有赢家。CPPI 在投资选择上的优势在于其较大的规模、资金来源的确定性以及较长的投资期。

1. 大规模、复杂交易

一些特别投资机会只提供给大型、全面投资者。CPPI 在全球范围的公开和私募股权市场、借贷市场、基础设施、房地产及能源领域进行大规模、复杂投资。

2. 私募市场交易

选择、谈判、进行私募股权和债权投资。在持有期间，作为重要利益相关者，有时还拥有董事会席位，CPPI 可以帮助改善被投资公司的运营效率。由于拥有长期资金，不必被迫出售投资项目，在退出及实现收益上，其都可以选择最有利的时点。

3. 长期价值投资

买入及出售相对于长期内在价值存在错误估值的公开市场证券。长期投资者属性使 CPPI 在投资上更为灵活，从长期投资中获益。

4. 主题投资

主题投资现在是资产管理市场的热门话题，可以围绕某个主题进行投资，比如人口变迁、可替代能源、环境保护、社会责任等方面。

（三）战略偏离（Strategic Tilting）

战略偏离是对总组合资产配置及因子敞口长期目标的有意的、有利的、短期的偏离。这是一种价值导向的逆向投资策略，可能与流行的市场趋势相悖。例如，当某国股票市场下跌，价格出现不合理的低估时，CPPI 可能会增加对该国公开市场股票的敞口；当预测近期回报将低于长期预期时，则降低敞口。战略偏离项目负责在董事会批准的风险边界内管理偏离头寸。尽管战略偏离并不像其他两个回报来源一样做出较大贡献，但是有时可以对增加总回报、保护基金资产价值起到重要作用。

在 2022 财年年报中，CPPI 进一步将投资收益的来源解释为四个方面，即市场风险贡献、多元化与加杠杆、投资选择、战术持仓，主要有以下特点。

一是将参考组合的贡献加入进来，其被称为市场风险贡献，并将市场风险贡献分解为最低市场风险回报与目标市场风险回报，前者是股债比为 50∶50 的组合的回报，后者是股债比为 85∶15 的组合的回报。例如，至 2022 财年，近五年最低市场风险组合的回报率为 6.1%，对应金额为 1190 亿加元；目标水平市场风险组合的回报率为 3.1%，两者相加为参考组合的回报的贡献率，即 9.2%。

二是保留多元化和加杠杆，仍是在参考组合所代表的市场风险的基础之上，由于加入更多资产类别而带来收入。

三是保留投资选择和战略偏离两项收益来源，只是将战略偏离表述为“战术持仓”（Tactic Positioning）。

三　投资回报的归因

以 CPPI 为例，分别从大类资产类别、地域配置、所持货币、投资部门来归因。从大类资产类别来看，在对 2018~2022 财年组合投资收益的贡献中，公开市场股票占 33%，私募股权占 45%，固定收益占 4%，信用投资占 3%，房地产投资占 6%，基础设施投资占 9%（见图 6-11）。

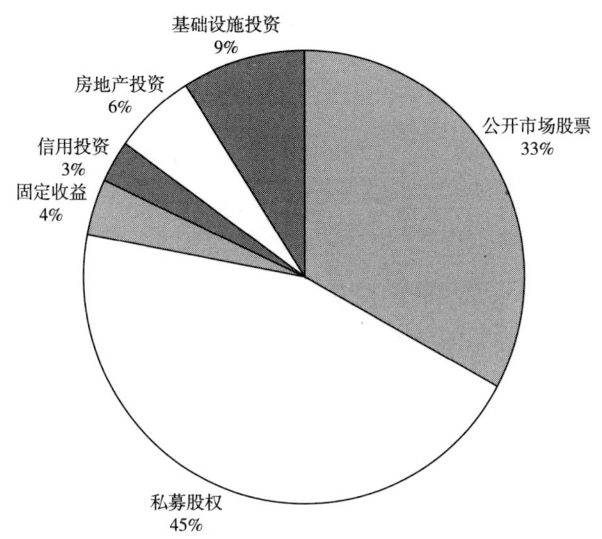

图 6-11　大类资产对总组合 2018~2022 财年收益的贡献

资料来源：CPPI 2022 财年年报。

从区域配置来看，2018~2022 财年，投资美国的资产的贡献为 55%，加拿大资产贡献为 10%，欧洲资产贡献为 11%，亚太地区资产贡献为 21%，拉美地区资产贡献为 3%（见图 6-12）。由于进行全球投资，所持外币对加元记账的投资收益产生影响，2018~2022 年所持外币对投资收益的贡献分别为 0.7%、0.2%、3.3%、-7.7%、-0.8%（见图 6-13）。

从 CPPI 的投资收益来源归因来看，2018~2022 财年总组合回报的贡献为 10.0%，其中，最小市场风险组合的贡献为 6.1%，目标市场风险组合为 3.1%，多元化与加杠杆为-1.9%，各投资部门主动管理业绩对总组合的贡献为 2.7%，其中，资本市场与因子投资部为

0.2%，主动管理股权部为0.3%，信用投资部为0.3%，私募股权部为1.7%，实物投资部为0.2%（见图6-14）。

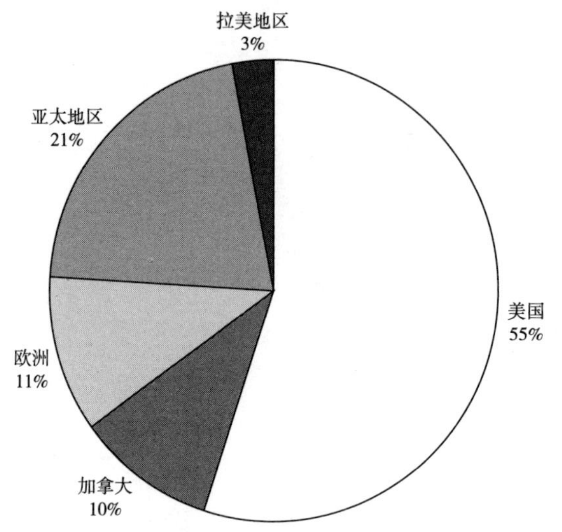

图6-12 区域配置对总组合2018~2022财年收益的贡献

资料来源：CPPI 2022财年年报。

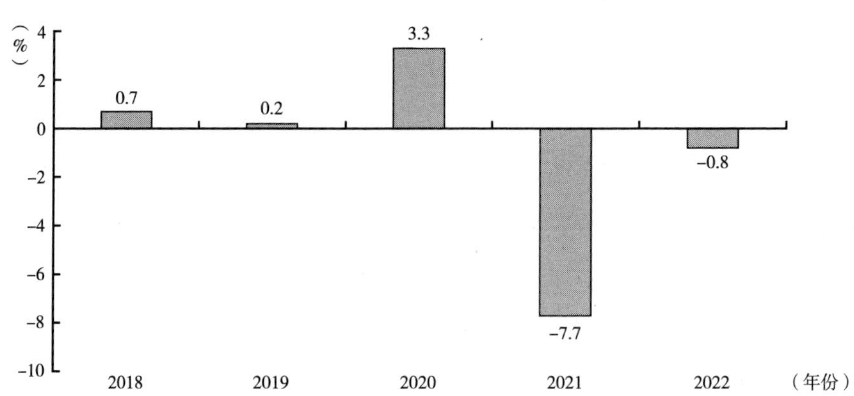

图6-13 2018~2022年所持货币对投资收益的贡献

资料来源：CPPI 2022财年年报。

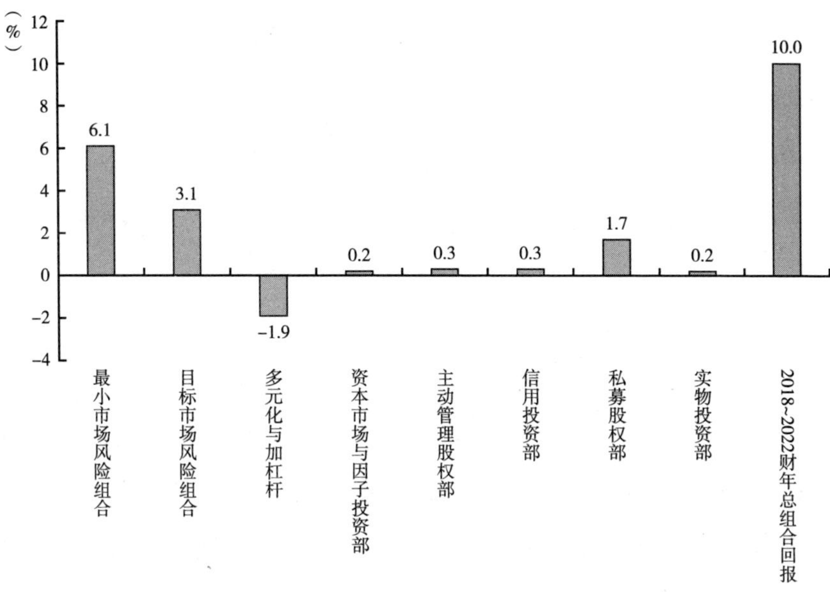

图 6-14　投资收益来源的贡献

资料来源：CPPI 2022 财年年报。

第七章　机构投资者的风险管理模式

全球经济形势日益复杂多变，对外开放政策下资管行业竞争加剧。风险管理是资产管理行业的立足之本，一切资产管理活动都要求风险与收益相匹配，因此，做好风险评估与风险管理是资管业务做大做强的关键。本章[①]选取3家风险管理较为成熟的境外大型机构投资者——挪威政府全球养老基金（GPFG）、新西兰超级年金（NZSF）、加拿大养老金计划投资公司（CPPI），从风险定义、风险分类、不同管理层级的风险制度、风险评估指标等方面系统梳理风险评估与管理机制，对于我国资管行业的风险管理制度建设具有一定借鉴意义。

第一节　风险的定义与分类

一　风险的定义

语言上，在中文里的“风险”二字，往往隐含着不确定事件或结果。在英文中，“Risk”的词根来自意大利语“Risicare”，直译为冒险，更多将风险视作一种选择而非被动承担的后果。

经济与数学意义上，风险的概念与度量可追溯至几千年前人类

① 本章内容来自国家金融与发展实验室工作论文《境外养老基金风险评估与管理机制研究》，首发于国家金融与发展实验室网站，http：//www.nifd.cn/ResearchComment/Details/2514。

的赌博活动。17 世纪，两位数学家费马与帕斯卡对掷色子分金币的点数分配问题进行了大量讨论，为现代概率理论的发展奠定了基础。概率统计理论最终成为今天度量风险的支柱性工具。

20 世纪 20 年代，芝加哥大学经济学家奈特在《风险、不确定性和利润》一书中指出，那些能够在统计意义上可测的变化可被称为“风险”（Risk），而那些在统计意义上不可测的变化则被称为“不确定性”（Uncertainty）。[①] 这种定义方式在理念上被广泛认同。因此，今天我们所定义的风险，即为所有的可测变化与不可测变化的总和。举例而言，波动率、回撤、偏度、峰度等各类常见的风险指标均可用于刻画可测变化。人们可以随时根据这些指标的计算值，来衡量自己的风险水平与所处的风险环境，并据此进行约束和应对。但是，诸如人均寿命增加、逆全球化加剧等不可测的变化往往会对企业生产经营或家庭生活造成更大的冲击，由于其不可测的特征，人们也只能更多依赖总结教训或逻辑推演的方式，不断加强对不确定性的认知和理解，并慢慢使其可测。随着人类的科学与技术不断发展，越来越多在 20 世纪看起来不可测变化逐渐变为可测变化。

本章更多关注基于可测变化定义的风险，考察全球大型投资管理机构如何约束、管理、应对这些变化，以期对国内大型机构投资者有所裨益。

二　风险的分类

机构投资者所面临的风险大致可以分为两大类：负债端风险与资产端风险。负债端风险是指支出不足方面的风险，特别是对于养老基金而言，面临缴费、筹资、支付方面不足的风险，此类风险主要取决于缴费政策、支付政策、筹资政策等。

资产端风险是指对资产进行管理所面临的风险，包括的内容很

---

① 〔美〕富兰克·H. 奈特（Frank H. Knight）：《风险、不确定性和利润》，王宇、王文玉译，中国人民大学出版社，2005。

多，例如，CPPI 将资产端风险分为运营风险、监管与法律风险、战略风险，以及市场风险、信用风险、流动性风险。其中，运营风险是由个人的不当行为或系统内部的不当流程导致的，包括模型风险、人力资本管理、信息安全及网络安全、业务贪腐、流程管理与执行、财务报告完整性等。监管与法律风险是由未能遵守法律、规章、规则、合同义务、行为规范及其他内部政策而导致的。战略风险是由不当战略选择、未能实施战略或未能及时对外部环境变化做出反应而导致的。

本章集中关注与市场、投资相关的资产端金融风险。以 CPPI 风险划分为例，CPPI 划分的主要金融风险包括市场风险、信用风险、流动性风险、到期期限风险等，具体如下。

1. 市场风险

市场风险主要指公允价值或未来现金流由于市场价格和利率变化而发生的上下波动。具体包括以下风险。（1）股权风险。其是市场条件变化导致股权投资（上市公司股权及私募股权）的公允价值及未来现金流变动的风险。（2）外汇风险。由于基金持有不同国家的资产，因此拥有多种外汇敞口。外币相对于加币的波动将对所投资产及所持负债带来正面或负面影响。（3）利率风险。其是市场利率变化而导致投资或与投资相关的负债的公允价值或未来现金流变化的风险。例如，CPPI 的利率风险主要来自持有固定收益证券、投资相关负债以及利率衍生品工具。（4）信用利差风险。其指相对于相同期限的无风险利率的溢价。（5）其他价格风险。其包括由大宗商品价格变化等带来的资产价值变动风险。

2. 信用风险

信用风险主要来自对手方风险，指由对手方没有履约或对手方信用下降而导致的资产贬值。包括：（1）对手方敞口；（2）信用在险价值。

3. 流动性风险

流动性风险指没有足够的现金或现金等价物及时地满足到期的

投资承诺和投资负债。

4. 到期期限风险

到期期限风险指所投资资产和负债的到期期限不匹配情况。

不同机构对风险的分类有不同的标准和侧重，本章以下几节详细展开介绍。

第二节 挪威政府全球养老基金（GPFG）全方位风险评估与管理体系

挪威 GPFG 以挪威议会通过的《政府养老基金法案》[①]（Government Pension Fund Act）、财政部制定的《GPFG 管理授权》[②]（Management Mandate for GPFG）、挪威 GPFG 制定的《GPFG 风险与回报（2019）》[③]（Risk and Return 2019）为基础，建立了全面的风险考核与管理机制。

一 议会层面的养老基金法案

《政府养老基金法案》（2015 年 8 月 25 日）的规定如下。

（1）政府养老基金（The Government Pension Fund，GPF）应该支持政府为国民保险体系（National Insurance Scheme）的养老金支出储蓄，并支持对石油收益的长期规划。

（2）政府养老基金由财政部管理。基金包括挪威政府全球养老基金和挪威政府国内养老基金（Government Pension Fund Norway,

① 资料来源："Act Relating to the Government Pension Fund," https://www.regjeringen.no/contentassets/9d68c55c272c41e99f0bf45d24397d8c/government-pension-fund-act-01.01.2020.pdf。

② 资料来源：*Management Mandate for the Government Pension Fund Global*, https://www.nbim.no/contentassets/52e589ff7b2d48afb2e2dcd5aa3464f7/gpfg_mandate_23.04.2019.pdf。

③ 资料来源："Return and Risk 2019," https://www.nbim.no/en/publications/reports/2019/return-and-risk-2019/。

GPFN）。挪威政府全球养老基金存放于挪威央行账户，挪威政府国内养老基金存放于投资管理公司。

（3）GPFG 的收入包括：来自石油活动的净现金流，这部分由中央预算转移支付；与石油活动相关的金融交易的净收益；基金资本回报。

（4）GPFN 的收入由资产管理收入构成。

（5）GPF 的资金只有在议会决议的情况下才可能向中央政府预算转移。

（6）GPF 不对任何私人部门或政府机构负有义务，不可以被提起法律诉讼或是被牵入法律程序。

（7）财政部可以就此法案颁布补充条款。

（8）此法案实施时间由国王决定。国王可以决定其中单个条款的实施时间。财政部可以制定临时性规则。

（9）随着本法案的生效，《废止政府石油基金法案》（Repeal of the Government Petroleum Fund Act，1990 年 6 月 22 日 36 号）生效。

二　财政部层面的规定

挪威财政部在《GPFG 管理授权》里对风险限制和风险管理做出了相关规定。

（一）风险限制

（1）股票组合应该在投资组合中占 60%~80%。

（2）固定收益组合应该在投资组合中占 20%~40%。

（3）非上市地产组合在投资组合中占比最多，为 7%。

（4）非上市可再生能源基础设施组合占比最高可以达到 2%。非上市可再生能源投资应当在环境相关投资授权（The Environment-related Investment）的范围内。

（5）上述四项的占比应该使用净市值来计算，在计算时，衍生品应该用其相应金融敞口来描述。

(6) 银行(以下“银行”都指挪威央行)应该确保投资组合与实际基准指标之间的超额收益的预期年化标准差(预期跟踪误差)不超过1.25个百分点。

(7) 股票组合和固定收益组合预期超额收益应该来自对多个系统性风险因子的敞口。

(8) 银行在政府债券投资中应该考虑不同国家的财政稳健性。

(9) 银行应该确保高收益债券工具(评级低于投资级)不超过固定收益组合的5%。

(10) 在债务工具投资中，必须有信用评级。所有内部信用评级必须以文件形式保存。

(11) 新兴市场政府和企业债务工具不得超过固定收益组合的5%。

(12) 银行不应该持有任何一家公司超过10%的可投票股权。对上市和非上市地产公司、非上市能源及基础设施公司的持股例外。

(13) 为确保管理任务的有效实现，可以使用杠杆，但是不能为了增加投资组合对风险资产的敞口使用杠杆。

(14) 现金类抵押物再投资不应以增加投资组合对风险资产的金融敞口为目的。

(15) 卖空只有在银行不能通过已有债券安排获得证券的情况下使用。

(二) 银行董事会应该建立的风险限制

1. 银行董事会应该建立补充风险限制，以管理没有被跟踪误差捕捉的风险，包括:

(1) 股票组合和固定收益组合与相应实际基准指数重合度的最低限制;

(2) 在单个发行人层面以及在投资总组合层面的信用风险限制;

（3）流动性风险限制；

（4）对手方敞口限制；

（5）杠杆使用限制；

（6）现金抵押物再投资限制；

（7）借券限制；

（8）对投资组合回报与实际基准指数回报的最大预期负向偏离（预期极端偏离风险）的限制。

2. 董事会应该建立运营风险限制。

3. 董事会应该限制非上市地产组合的风险，可通过以下限制：

（1）所投国家；

（2）所投行业；

（3）所投新兴市场；

（4）所投待开发地产项目；

（5）单个项目的总债务比率以及最大债务比率。

4. 董事会应该限制非上市再生能源基础设施组合的风险，可通过以下限制：

（1）所投国家；

（2）所投新兴市场；

（3）所投待开发项目；

（4）单一投资的总债务比率和最大债务比率。

5. 董事会应该通过以下要求，设定可再生能源基础设施组合的投资范围：

（1）在可再生能源基础设施中非上市公司或其他法律实体业务比重；

（2）在基金结构中可再生能源基础设施的占比。

6. 董事会应该就超过最大金额的非上市地产公司组合和非上市基础设施组合的单个投资进行审批。

7. 董事会应该对基金持有任何单一地产公司的可投票股权比率

设立限制。

8. 董事会应该对任何一个外部管理人管理的资产在投资组合中占比设立限制。

9. 董事会应该就非上市地产组合和非上市基础设施组合对任何单一合伙人设立限制。

10. 对于上述 9 个限制及其变化应至少提前三个星期汇报给财政部，特殊情况除外。

（三）风险评估与管理

董事会应当每年评估管理任务及相关事项的完成情况，董事会对自我表现的评估应该提交给财政部。

银行应当建立本部分所提及的风险和敞口的汇报机制。

1. 估值与回报评估

（1）投资组合回报应该用实际基准指数的构成货币（即投资组合的现有货币篮子）来衡量。未上市组合的回报则用这些组合的构成货币来衡量。

（2）计算未上市组合净回报时应该扣除所有成本，比如，运营成本、交易成本、管理成本、税务成本。

（3）回报的计算应该与全球投资业绩标准（Global Investment Performance Standard，GIPS）方法一致。

（4）银行对投资组合中金融工具的回报的估值和评估方法设定原则。

（5）确定金融工具价值的方法是可核实的，并且能够提供足够理由确保其反映在评估日（Measurement Day）投资组合的公允价值上。

（6）银行应该每年至少进行一次授权以让外部独立机构对非上市地产和基础设施投资进行估值（最好计算 12 月 31 日的价值）。

2. 市场风险衡量与管理

（1）银行应该建立评估和管理市场风险的原则，包括评估系统风险的相关来源。衡量方法应该尽量捕捉所使用金融工具的全部市场风险。应该使用几个不同的方法来评估风险。在对历史事件、系统风险因子的未来发展情景分析的基础上进行压力测试。

（2）银行应该建立计算预期跟踪误差的方法，并获得财政部批准。

（3）极端事件风险分析应该成为投资组合风险管理的内在组成部分。

3. 信用风险衡量与管理

银行应该建立衡量和管理信用风险的原则。信用风险评估应该致力于捕捉与所使用金融工具相关的全部信用风险。

4. 对手方风险衡量与管理

（1）银行应该建立衡量和管理对手方敞口的原则。

（2）银行应该建立选择和评估对手方的令人满意的程序和体系。银行应该设立最大敞口限制、最低信用评级要求、抵押品管理标准以及轧差安排标准。

5. 杠杆使用的衡量与管理

银行应该建立投资组合使用杠杆的评估和管理原则。原则应该包括在借券或回购安排下，通过对衍生品和现金类抵押品的再投资带来的隐性杠杆。

6. 借券、证券出借、卖空

对于借券、证券出借、卖空，银行应该设立指引。

7. 现金抵押品的再投资

银行应该对现金抵押品再投资设立指引。

8. 运营风险衡量与管理

（1）银行应该定义运营风险。

（2）银行应该识别运营风险因子，评估可能性及影响，并确保其可监控及可管理。

9. 投资工具批准和投资尽职调查回顾

（1）在任何投资之前，董事会应该批准所投资的金融工具，以及所投资的市场。董事会应该批准对政府债券发行国家的投资。

（2）董事会的批准建立在以下条件之上，即投资工具有助于管理任务实现的效率和有效性，在央行具有能力确保全面管理的情况下，控制和跟踪全部投资风险、运营风险，包括国家风险。

（3）所有审批都必须有文件记录。

（4）董事会应该就非上市地产组合与非上市可再生能源基础设施组合的每一项投资的尽调全流程设立指引。尽调回顾涉及评估投资相关风险的各个方面，包括市场风险、流动性风险、信用风险、对手方风险、运营风险、法律风险、税务风险以及技术风险。此外，尽调回顾也应该包括与健康、安全、环境、公司治理和社会贡献相关的风险因子评估，包括与处理多个利益相关者相关的风险。尽调回顾应该以文件形式记录。

三 挪威央行层面的规定

没有单一指标能够完全刻画基金组合的全部市场风险，因此挪威央行投资管理部（NBIM）使用一系列评估指标，主要从以下方面进行衡量：绝对敞口、波动率、相关性风险、系统因子风险和流动性风险。

（一）总组合层面市场风险

资产配置。挪威财政部规定了战略基准指数，这一指数在很大程度上决定基金的资产配置，而资产配置是基金总风险的主要驱动因素。70∶30 股债虚拟组合 100 年来的回报证实，大多数回报波动由股票引起，如果以 3 年、5 年、10 年周期来看，大多数为正回报时期，但也有少数为负回报时期，也即组合配置中股票的比例决定了组合的波动情况。

股票绝对敞口。管理授权要求基金的股票组合在总组合中的占比为50%~80%。2007~2009年，基金的股票敞口逐渐由40%提高到60%，近似于战略基准指数中股票配置的上升情况。2019年，财政部将战略基准股票占比提高到70%的目标已经完成。

资产间相关性。除了资产配置外，基金的总风险还取决于资产类别之间的相关性，其可以由相关系数表示。高相关性削弱分散化效应。从历史上看，相关性随时间而有所变化，有时甚至是符号变化。例如，过去20年，股票价格与债券到期收益率同向变化，因此股票和债券回报呈负相关关系。而在此前的有些时期，债券和股票回报呈正相关关系。除了以当地货币标价的股票和债券回报波动外，基金以挪威克朗表示的价值也受到汇率变化的影响。在最近（2019年之前）的危机中，挪威克朗与股票市场强烈负相关，而历史上两者的相关性在正向和负向之间变化。在互联网泡沫和全球金融危机中，政府债券表现良好，作为对股票下跌的缓冲。但是历史上，债券并不总能对冲股票的下跌风险。例如，1931年，股票市场下跌超过40%，债券下降16%。总之，相关性随时间而变化，过去的经历并不能全面反映未来的风险。

行业权重。除了改革资产类别权重以及相关性外，基金的风险受到所选股票基准的行业权重的影响。行业权重随时间而变化，主要原因包括行业表现和新发行证券。例如，金融危机显著降低了金融行业的权重，而技术行业的权重则在近年来明显上升。不同行业具有不同的风险特征，对于经济冲击的敏感度不同。

预期绝对波动率。基金的预期绝对波动率用标准差表示，考虑不同投资的相关性，反映基金投资年度回报的预期波动。波动率使用年化的时间平方根原则，假定回报分布是独立且不随时间变化的。2011年1月，绝对和相对预期波动率的计算方法被进行了调整，以更好地反映基金的长期投资属性。在2010年之前，对预期波动率的计算基于日度数据，且日期越近，权重越高。这意味着市场短期变化对预期波动率有更大的影响。调整后的方法则基于周度数据计算，被赋予3年价格平均权重，使衡量指标对于近期市场波动的敏感度下降，而更多与基金投资的变化相关。

预期绝对波动率的分解。以2019财年为例，2019财年末，股票投资的预期波动率为9.9%。金融行业波动是股票组合波动的主要来源，贡献了2.2个百分点的波动率，金融行业是股票组合中占比最高的行业，2019年底为23.6%。固定收益组合的预期波动率为7.0%，政府债券是其中最大的一项，贡献了4.1个百分点的波动率。固定收益波动率主要来自挪威克朗相对于组合货币篮子的币值变化。如果用组合的货币篮子表示，则固定收益的预期绝对波动率为2.6%。

（二）相对风险

相对风险主要来源于对基准指数的偏离。有多种衡量相对风险的方法。

基金组合可能在以下方面不同于基准指数，包括：货币、行业、国家、地区、个股、债券发行人以及对非上市地产的投资。这些偏离是相对风险的来源。

预期相对波动率（Expected Relative Volatility）。预期相对波动率限制或跟踪误差限制是指对基金投资回报相对于基准指数回报的偏离程度施加限制。该限制由财政部在管理授权中规定，基金的预期相对波动率限制为1.25BP。2019年底，使用3年价格数据和参数模型（Parametric Model）计算，基金的预期相对波动率限制为33BP。相对风险可以分解为股票管理和固定收益管理风险。2019年底，股票管理的预期波动率限制为23BP，固定收益管理的预期波动率限制为30BP。相对波动率也可用来估计基金的投资。在每次计算一个策略时，假定基金其余投资与其基准相一致。基金的预期相对波动率低于投资策略相对波动率之和，反映了多元化的益处。

预期跌幅（Expected Shortfall）。预期绝对波动率是对于在正常市场条件下的预期，并未提供在尾部风险下的分布及损失程度的任何信息。预期跌幅也被称为条件在险价值（Conditional Value at Risk，CVaR），是广泛使用的尾部风险衡量指标，它显示了在最差的*q*%的情况下的平均损失。基于2007年1月到2019年底投资组合货币篮子以及基准指数的拟合回报计算，置信区间为97.5%，则计算出来的预期跌幅显示预期年度回报相对于基准指数回报的负向偏离为1.5个百分点。董事会设置了基金回报相对于基准指数回报的预期跌幅限制，在极端情形下，预期负向相对回报不得超过3.75个百分点。

财政稳健和环境相关授权（Fiscal Strength and Environment-related Mandates）。财政部授权要求挪威央行在政府债券投资中考虑财政稳健性。2019年底，当在基金范围内评估时，此项要求的预期相对波动率为2BP，当在固定收益管理层面衡量时，预期相对波动率为8BP。基金层面的预期跌幅估计为6BP，固定收益管理层面的预期跌幅为22BP。

基准重合度（Benchmark Overlap）。基准重合度是相对风险的另一个衡量指标，显示了组合与基准指数的接近程度。在财政部的管理授权下，挪威央行董事会设置了股票和固定收益组合与相应基准指数最低60%的重合度限制。2019年底，股票的证券层面重合度为85.9%，固定收益发行人层面的重合度为72.1%。在过去十年中，股票基准重合度相对稳定在80%~90%，固定收益重合度在金融危机之前较低，但在2008年之后随着组合重新构建以及对最低重合度的要求而迅速上升，近些年，重合度稳定在70%~80%。

已实现的相对回报的分布（Distribution of Realized Relative Return）。衡量相对风险的另一个方法是分析基金已实现的相对回报的分布特征。以基金货币篮子为基础，基金已实现月度相对回报的标准差在过去5年为10BP。如果从更长期看，那么这一标准差更大一些，特别是当衡量的5年周期中包括2008~2009年金融危机时。2018年、2019年，已实现月度相对回报的偏度较小，超额峰度（Excess Kurtosis）为负值，有很高相对月度回报的月数较以往更少。

（三）风险调整

本部分评估风险调整后回报（Risk-adjusted Return）、房地产风险调整后收益、因子调整回报（Factor-adjusted Return）。

1. 风险调整后回报

当评估资产管理人或是与其他同业机构比较时，仅比较风险指标是不够的。风险调整后回报旨在考虑在所承受风险的情况下对回报进行标准化处理。值得注意的是，即使使用风险调整后回报比较资产管理人，也要考虑其投资授权的不同。

相对风险调整（Relative Risk Adjustments）。当进行相对风险调整时，把基金的基准作为参考基点。基准在基金投资考核中发挥核心作用。

（1）信息比率（Information Ratio）。信息比率是由相对回报的标准差（跟踪误差）除以组合相对于基准的平均回报。该指标以相对基准指数的偏离度的形式衡量回报和风险。

（2）詹森阿尔法（Jensen's Alpha）。理论收益通常由市场模型确定，最常用的是资本资产定价模型（CAMP）。市场模型利用统计学方法来预计某一资产恰当的风险调整后收益，例如，CAPM利用β系数进行风险调整。詹森阿尔法最初于1968年被迈克尔·詹森用于评估共同基金经理表现。由CAPM得到的理论预期收益被假定为“已经风险调整”。资产的理论预期收益率与衡量该资产风险的β值之间存在正相关关系，而风险较高的资产相较风险较低的资产有更高的理论预期收益率。如果一个资产的实际收益率高于风险调整后的理论预期收益率，这样的资产就被称为有“正的α”或者“超额收益”。投资者时刻在寻找有较高阿尔法值的投资品种。

（3）绩效评估比率（Appraisal Ratio）。绩效评估比率类似于夏普比率，但不是计算总收益风险比率，而是移除了系统风险之后的风险比率。对于基金而言，这意味着相对于基准的变化调整风险和收益。该比率的计算方法是由 CAPM 回归残差的标准差除以詹森阿尔法。该比率的符号与詹森阿尔法一致。早期，该比率在股票管理中高于固定收益管理，但是在近期相反。因此，应该谨慎使用 CAPM 评估固定收益投资风险。

绝对风险调整（Absolute Risk Adjustment）。当进行绝对风险调整时，基金的基准和风险限制不起作用。对于组合、基准的衡量相互独立，指标可以进行比较。最常用的指标是夏普比率。

2. 房地产风险调整后收益

在决定投资房地产时，基金放弃了一揽子上市股票和债券的收益而购买房地产。在 2017 年之前，购买房地产的资金均来源于出售债券。为了评估投资房地产的影响，构建一个虚拟组合，房地产投资的份额由股票和债券构成的融资组合（Funding Mix）来替代，计算得出房地产投资收益高于此虚拟组合的收益。

3. 因子调整回报

该分析对历史因子回报时间序列的相对回报进行多元回归，回归系数可以解释为对历史上系统因子的敞口，回归截距可以解释为高于回归中所考虑的因子之外的管理人的价值创造。所有回归使用扣除管理费用的相对回报，并且用美元表示。

（1）对于股票，因子主要来自 Fama-French 的五因子模型，全球因子回报来自 Kenneth French 的网站。在此项回归中，这些因子可以解释自成立以来、过去 10 年、过去 5 年股票投资中相对回报的 40%~55%。股票投资相对回报在这三个阶段都与以下因子正相关：市场因子（Market Factor，MKT）、小公司因子（Small Firm Factor，SMB）、价值因子（Value Factor，HML）。在过去 5 年和全部样本期间，其与投资因子（Investment Factor，CMA）负相关。

（2）对于固定收益，因子包括违约因子和期限因子。违约因子考虑固定收益基准中信用债和政府债券的久期差异。在期限因子中，由于全球长到期期限债与短到期期限债之间的货币构成差异，因此，考虑主权风险。上述因子能够解释相对回报的18%~25%。

（3）对于整个基金，因子包括每个资产类别的因子。回归中，相对回报变化可以被解释50%~58%，系数符号与每类资产回报相一致。但是，CMA系数在全部期间都显著，HML和RMW系数在全部期间都为正值，MKT在过去5年并不显著。

第三节　新西兰超级年金（NZSF）风险评估与管理机制

一　风险评估方法

新西兰超级年金（New Zealand Superannuation Fund，NZSF）采用参考组合模式开展资产配置工作。NZSF的参考组合结构为80%全球股票与20%全球债券。为增加年金整体组合的收益，NZSF投资管理团队会开展积极投资，因而承担积极风险。

NZSF用风险预算机制来管理风险。在参考组合的框架下，投资管理团队采用风险预算机制来审慎、理性地运用积极风险并获取超额收益。主要原因为：一是风险预算机制可以更好地确定不同投资机会的头寸大小；二是风险预算机制可以优化投资决策——鼓励在适宜环境下更好地利用积极风险，而在不利环境下不需过多承担风险。

NZSF的风险管理方法比较特别，与直接将风险预算分配至资产或工具层面不同，NZSF根据投资逻辑和属性，将投资机会划分、定义为不同的风险篮（Risk Basket，RB）。其主要有三大类型。一是改善组合结构、具有分散化效果的风险篮。主要包括诸如保险类相关债券、木材等。二是市场定价错误类风险篮。NZSF资金来源稳定，投资久期较长，相比市场其他参与者的风险偏好水平更加稳定，故而可以捕捉市场高估或低估等定价错误，例如，其他投资者风险偏好的变化导致出现流动性紧张等情形。此类风险篮根据资产类别进一步细分为：并购套利（M&A Arbitrage）、困境信用（Distressed Credit）类；全球宏观（Global Macro）、战略偏移（Strategic Tilting）类；实物资产（Real Asset）类。三是特殊机会类风险篮。此篮中可包括任何资产类别的特殊机会投资，可能来自管理人特有的渠道，或某资产持有人一次性“甩卖”。

在风险管理指标上，NZSF偏重用信息比率管理风险，原则为最大化信息比（即预期超额收益与积极风险的比值），并且给出了信息比的具体决定因素。

为最大化总组合层面的信息比，需要对每个风险篮子的信息比进行估计。NZSF采用置信度评估的方式估计每个风险篮子的信息比。对每个风险篮子获取超额收益的置信度从四个方面来评估：（1）资金久期；（2）投资理念；（3）胜率；（4）带宽。对于每个风险篮子中的潜在投资机会，关注的方面为：（1）收益来源的清晰程度；（2）信息/数据的质量；（3）团队在该领域对风险的理解和专业程度。因此，能够更好地利用NZSF资金久期较长的属性，并契合其投资理念的风险篮子会被赋予更高的风险预算。当然，风险预算不是一个刚性机制，在投资委员会形成最终的风险分配方案之前，亦需考虑市场容量、内部资源与制度等其他约束条件。

二 风险管理机制

NZSF在各个维度对风险预算进行把控。

第一，总组合相对参考组合的积极风险预算。其由董事会审批，每五年评估一次。

第二，各风险篮子的风险预算。其由投资委员会与首席投资官审批。

第三，风险篮子内的积极投资机会风险预算。在风险篮子内部，各投资机会将贡献该篮子的分项预算，因此它们之间在使用风险预算的过程中存在竞争关系。

第四，实时目标配置。投资机会的预期收益水平会随着市场整体估值水平的变化而发生变化，因此需根据实际情况调整风险水平。风险预算团队将制定使用风险的方式并给出目标配置建议，其由资产配置负责人审批。

第五，实际配置。各投资团队需要实时配置目标来开展积极投资，使用被分配的风险预算。在实际投资中，由于实施差损或其他考量因素，实际配置可能偏离目标配置。

第四节　加拿大养老金计划投资公司（CPPI）风险评估与管理机制

一　风险评估方法

1. 市场风险

总组合风险（绝对风险）衡量。2018 年第二季度，CPPI 引入模拟方法，预测在未来某一时点总组合潜在表现的分布情况。在风险/回报框架下，风险管理方法主要用股债风险相当比率（EDR）表述，即在两资产组合（全球股+加拿大政府债）下的股债比例，EDR 同时规定了组合的绝对风险。绝对风险被定义为条件在险价值（CVaR），该值为包括市场风险和信用风险、基于 5 年预测期、90 分位数、考虑通胀之后的风险。绝对风险基于模拟的未来 5 年最差 10%表现的平均值，捕捉极端市场事件对于组合的影响。

（1）股权风险。在考虑衍生品头寸以及其他变量不变的情况下，计算标普 500 指数每 1%的下降/上升将导致公开市场股票投资的损失/获利情况。

（2）外汇风险。假设其他变量不变及所持资产价值不变，计算加币相对于其他外币每升值 10%将导致净投资的减值，例如，敏感度分析显示，截至 2022 年 3 月 31 日，加币升值将导致净投资 4521 亿加元的减少（见表 7-1）。

表 7-1 汇率风险敏感度

单位：亿加元，%

货币	截至 2022 年 3 月 31 日		截至 2021 年 3 月 31 日	
	净敞口	总组合占比	净敞口	总组合占比
外币总敞口	4521	84	4250	85
美元	2963	55	2802	56
欧元	391	7	316	6
人民币	259	5	234	5
英镑	168	3	162	3
其他货币	739	14	736	15
加元	871	16	722	15
合计	5393	100	4972	100

注：表中“美元”“欧元”“人民币”“英镑”“其他货币”表示境外投资外币资产，都已折算为加元价值。

资料来源：CPPI 2022 财年年报。

（3）利率风险。假设其他变量不变，计算名义无风险利率 1BP 的上升/下降将导致受到利率变化直接影响的投资价值的变动，2021~2022 财年对利率风险的估算见表 7-2。

表 7-2 利率风险敏感度

单位：百万加元

到期时间	名义无风险利率上升 1BP 对净资产的影响	
	截至 2022 年 3 月 31 日	截至 2021 年 3 月 31 日
1 年内	100	100
1~5 年	-1900	-2300
6~10 年	-2200	-1800

续表

到期时间	名义无风险利率上升 1BP 对净资产的影响	
	截至 2022 年 3 月 31 日	截至 2021 年 3 月 31 日
10 年以上	-6400	-4900
加总	-10400	-8900

注：这种敏感度分析主要适用于债务工具和利率敏感衍生品。

资料来源：CPPI 2022 财年年报。

（4）信用利差风险。控制低于 A 评级债券的占比。假设其他变量不变，计算信用利差每变宽 1%净资产价值的下降金额。

（5）其他价格风险。计算其他价格风险包括由于大宗商品价格变化等带来的资产价值的变动。

2. 信用风险评估方法

CPPI 的信用风险主要来自债券及场外衍生品投资。在不考虑抵押品及其他增信措施的情况下，以 2022 财年为例，债券类资产以及场外衍生品的公允价值如表 7-3 所示。从评级来看，2022 财年，72%投向 A 级及以上评级资产。

表 7-3　信用风险敞口

单位：亿加元，%

评级	截至 2022 年 3 月 31 日							
	债券	现金等价物	货币市场证券	逆回购协议	场外衍生品	其他债券	合计	占比
AAA 级	184	1	3			20	208	10
AA 级	404	47	1	215	6	11	685	33
A 级	261	54	10	269	19	4	618	29
BBB 级	153			78	3	29	263	12
BB 级	51					25	76	4
B 级	34					173	207	10
CCC/CC/D 级	6					31	37	2
合计	1095	102	14	562	29	294	2095	100

资料来源：CPPI 2022 财年年报。

CPPI 计算、监控信用投资资产的公允价值及评级情况，并通过以下方式管理信用风险。

（1）对手方敞口。CPPI 通过选择对手方来降低此类风险，比如对手方的最低评级要求、对单个对手方的最大敞口限制、使用轧差协议及抵押品。对于反向逆回购协议下购买的资产、回购协议下的销售以及场外衍生品，对手方的抵押品提供及处置可以管理信用风险。此外，也可以在竞价交割安排下，在违约发生时，与特定对手方的交易将在净值基础上清算。

（2）信用在险价值（Credit VaR）。CPPI 使用蒙特卡洛模型来估计信用风险，包括违约可能性、信用评级下调以及底层信用工具赔偿。总组合层面的信用风险评估主要基于 1 年期、99%置信区间的 VaR 模型，这意味着在给定年份，由违约或信用下降风险而导致的损失将有 1%的概率超过 Credit VaR 金额。

3. 流动性风险

CPPI 通过发行商业票据、定期债券等方式来筹资以满足流动性要求。CPPI 通过持有非担保信用工具来满足潜在流动性要求。CPPI 也通过及时地在活跃交易的市场处置某些证券的能力来实现流动性，包括上市公司股票、货币市场债券以及可交易债券。

4. 到期期限风险

CPPI 合理匹配投资资产和负债的到期期限，从年报（以 2019 财年为例）数据来看，投资资产集中于 1~5 年、6~10 年、10 年以上（见表 7-4），投资负债主要是 1 年内的短期融资（见表 7-5）。

二　风险管理机制

CPPI 从总组合视角进行风险管理，在风险管理中考虑所有投资活动，包括通过不并表的分支机构进行的投资。根据风险/回报框架（Risk/Return Accountability Framework）进行风险管理。董事会至少每财年对风险政策审批一次。风险政策包括绝对风险上限和下限，

表 7-4 投资资产到期期限

单位：百万加元，%

非衍生品投资		到期期限							
		截至 2019 年 3 月 31 日						截至 2018 年 3 月 31 日	
		1 年内	1~5 年	6~10 年	10 年以上	合计	平均实际收益率	合计	平均实际收益率
非市场债券	加拿大省政府	1558	5820	3521	12540	23439	2.7	23527	2.9
市场债券	加拿大政府	—	7007	380	1166	8553	1.7	5017	2.1
	加拿大省政府	—	821	1976	3361	6158	2.7	6483	2.9
	加拿大政府企业	—	1881	1043	357	3281	2.2	2626	2.6
	外国政府	554	13358	8858	13700	36470	2.3	23113	2.9
	公司债券	96	3200	3249	1158	7703	4.4	3085	3.4
其他债务	私募债务	48	4483	4948	1871	11350	8.1	9573	8.4
	私募房地产债务	583	2057	2361	—	5001	6.7	3582	6.6
	资产支持证券	—	6	67	1937	2010	3.0	5	4.4
根据逆回购协议购买的证券		8205	—	—	—	8205	0.8	6164	1.8
借入证券		2969	—	—	—	2969	—	—	7
合计		14013	38633	26403	36090	115139	—	83175	—

注：私募债务包括直接投资，不包括基金投资；私募房地产债务与借入证券现金担保相关，无实际收益率；“合计”代表公允价值。

资料来源：CPPI 2019 财年年报。

表 7-5　投资负债到期期限

单位：百万加元，%

非衍生品投资负债		到期期限									
		截至 2019 年 3 月 31 日							截至 2018 年 3 月 31 日		
		1 年内	1~5 年	6~10 年	10 年以上	合计	公允价值	加权平均利率	合计	公允价值	加权平均利率
根据逆回购协议出售的证券		38548	—	—	—	38548	38375	2.3	32559	32504	1.7
借出证券		1116				1116	1116	n/a	—	—	n/a
卖空证券		29027	—	—	—	29027	29027	n/a	13574	13574	n/a
债务融资负债	应付商业票据	4378	—	—	—	4378	4323	2.7	6263	6254	1.9
	期限债务	4590	12673	7336	1500	26099	26538	1.6	17910	17802	1.8
合计		77659	12673	7336	1500	99168	99379	n/a	70306	70134	n/a

注：借出证券涉及没有有效收益的现金抵押品；卖空证券考虑在一年内根据交易对手在某些条件下要求付款的最早期限偿还，包括由于平均利率不适用而卖空股票的情况；“合计”代表合同金额；n/a 表示未显示相关数据。

资料来源：CPPI 2019 财年年报。

以及绝对风险运行区间（Absolute Risk Operating Range，AROR）。

主要的风险管理措施如下。一是独立的风险监督。CPPI 的投资风险职能部门向首席财务和风险官（CFRO）汇报，风险部门确保投资带来的风险与董事会及高级管理层确定的风险水平一致。投资部门在预先确定的风险范围内进行投资。二是投资风险评估。CPPI 对不同时间长度的不同程度的市场波动有一系列风险评估措施。长期风险模型预测组合 5 年期的潜在损失，这基于股债风险相当条件以及基于绝对损失基础。也有其他基于 1 年期或更短时期的风险模型，使用最新市场数据校准损失风险，比如，波动性、在险价值。此外，针对特定策略的性质而跟踪特定的交易风险，例如跟踪地产投资和公开市场股票组合的因子风险。三是压力测试。CPPI 对极端事件进行压力测试，采取自下而上的方法，考虑风险事件对于总组合的历史冲击或预测冲击，聚焦极端尾部风险事件对于投资组合的影响，通常预测期是 1 年。不同于在险价值方法在指定置信区间有隐含概率，压力测试并没有压力测试情景的隐含概率。压力测试会特别关注潜在情景发生的触发点。四是模型评估与完善。

CPPI 用风险限制的分级结构来控制风险敞口规模，以管理市场风险。

第一层风险限制基于股债风险相当比率，由董事会确定。

第二层风险限制基于波动性或敞口评估，反映市场风险配置方法。该层限制确保每个投资部门的市场风险增长不快于初始年度计划。

第三层风险限制是投资项目层面的。例如，DV01 衡量利率收益曲线每 1 个百分点的增长/减少将带给投资策略的潜在损失/收益；对冲比率以及集中度限制用于评估系统风险显著性以及非系统风险显著性；差异性限制则跟踪组合对于基准的偏离风险。

投资部门应该在风险限制范围之内进行投资，但是也可以向相关的高级管理层或投资计划委员会（IPC）申请提高风险限制。

在组织机构层面，CPPI 设立三条风险防御线（见图 7-1）。第一道防线，由各部门领导对其责任相关的风险进行适当管理。第二道防线，由 CFRO 对 CPPI 风险进行监管。风险工作组负责独立问询前台业务的风险识别、评估、管理情况，负责制定、衡量、监督所有已识别风险倾向的合规操作，评估组织面临的正在出现的风险。第三道防线，支持和咨询工作组（Assurance & Advisory Group，AA）就风险治理和内部控制提供独立支持。

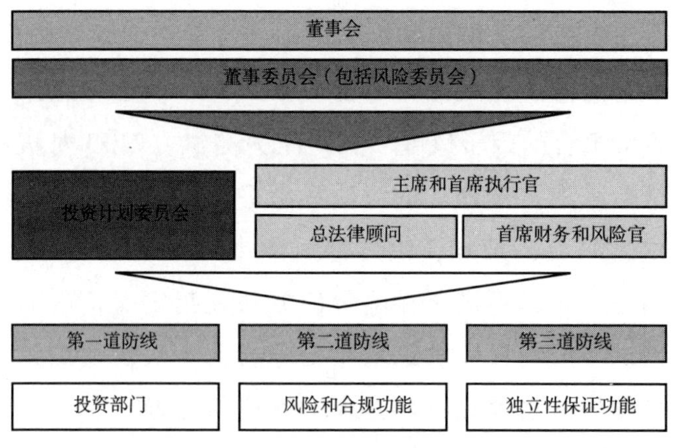

图 7-1　CPPI 风险管理架构

资料来源：CPPI 2019 财年年报。

第五节　资产估值在风险管理中的重要性

本节以加拿大养老金计划投资公司（CPPI）为例，阐释资产估值对于风险管理的重要性。

一　CPPI 对各类资产的估值方法

CPPI 管理投资及债务，评估各类资产公允价值的方法如下。

1. 权益类

公开市场权益投资公允价值取决于市场报价。基金投资取决于外部管理者或者基金管理人报告的净资产价值（Net Asset Value）。

私募股权市场投资包括直接投资和通过有限合伙人（Limited Partner，LP）基金的投资。前者的公允价值参照可比上市公司的收益倍数或由 DCF（现金流量贴现法）决定，重要的变量包括：EBITDA（税息折旧及摊销前利润）、上市公司收益倍数、预测现金流、参照具有相同属性市场工具确定的折现率，也包括近期可比市场交易。后者的公允价值取决于普通合伙人（General Partner，GP）报告的相关信息，通过使用可比的、可接受的行业估值方法。

2. 固收类

债券包括可交易债券和不可交易债券。不可交易的加拿大省级政府债券的公允价值使用 DCF 模型估值。可交易债券使用报价或 DCF 模型估值。

其他债务包括：直接投资的私募债、资产支持债券、不良住房贷款基金、私募债基金、对冲基金以及对知识产权和特许权的收入流的投资。对于直接投资的私募债和资产支持债券的估值基于市场报价、经纪商报价或最新的市场交易价格。如果没有市场价格，则使用 DCF 估算，主要变量包括预测现金流、折现率。基金投资估值基于外部管理人或基金经理报告的净资产价值。对知识产权和特许权的投资主要基于 DCF 模型。

货币市场证券包括：现金、定期存款、国库券、商业票据、浮息票据。其公允价值取决于成本+待付利息（Accrued Interest Rate）。

3. 绝对回报策略

绝对回报策略包括对冲基金投资。对冲基金旨在不论处于何种市场情况均能获取正回报，与市场指数相关性很低。对冲基金的被投资产不限于权益类、固收类及衍生品。基金估值通常基于外部管理人或基金经理报告的净资产价值。

4. 实物资产

CPPI 对地产的投资通过直接私募地产投资和地产基金投资实现。私募地产投资通常通过共同持有安排（Co-Ownership Arrangements）实现。私募地产投资通常用 DCF 模型估值，主要变量包括净运营收入（NOI）、折旧率、期末资本化率（Terminal Capitalization Rate）。地产基金的估值通常基于基金管理人的净资产价值报告。

基础设施投资通过直接投资以及 LP 基金实现。直接投资估值通过 DCF 模型进行，主要变量预测现金流及折现率。LP 基金进行的基建投资则基于外部管理人报告的净资产价值。

5. 在反向回购协议下购买的证券以及在回购协议下出售的证券

其通常基于初始购买或出售时的报价+待付利息或支出确定。

6. 衍生品交易

衍生品交易在交易所或场外市场交易。衍生品名义金额用于计算需要交易的现金流，也用于决定合约的收益/损失以及公允价值。衍生品合约的公允价值在“投资组合合并表格”（Consolidated Schedule of Investment Portfolio）的衍生品应收款项和衍生品应付款项中报告。交易所交易的衍生品包括期货、期权、权证，其估值基于市场报价。场外交易衍生品包括互换、期权、远期合约、权证，估值基于期权定价模型、DCF 模型以及来自独立经纪人或第三方零售商的一致报告。主要的变量不限于现价、价格波动、汇率、利率曲线、信用利差。在评估公允价值时，也会考虑对手方信用风险。

7. 债务融资负债

债务融资负债包括应付商业票据和定期债务。应付商业票据估值为“票据发行价值+应付利息”。定期债务估值基于市场报价。

二　公允价值估值分级

根据公允价值估值的方法及输入变量将估值分为三个等级。

等级 1：估值基于活跃交易市场的报价。

等级 2：估值基于不包括等级 1 的变量，而是基于直接或间接来自可观测的价格的变量。

等级 3：估值并不基于可观测的市场数据。

CPPI 的净投资根据上述三个等级划分，以便于区分各资产的风险程度（见表 7-6）。同一资产的估值分组可能由于输入变量的变化而在等级 1、等级 2、等级 3 之间转换。这种方法的好处在于：清晰看到哪些估值是准确的，哪些资产的估值是比较模糊的，哪些是估值风险较大的。

表 7-6　公允价值估值层次

单位：百万加元

		截至 2019 年 3 月 31 日			
		等级 1	等级 2	等级 3	合计
权益类投资	公开股票	129212	11769	208	141189
	私募股权	—	—	96659	96659
	权益类投资合计	129212	11769	96867	237848
固定收益	债券	49912	35692	—	85604
	其他债务	—	5215	22110	27325
	货币市场证券	—	9829	—	9829
	固定收益合计	49912	50736	22110	122758
绝对收益策略		—	23588	1924	25512
实物资产	房地产	—	—	45846	45846
	基础设施	—	—	33131	33131
	能源和资源	—	—	8002	8002
	电力和可再生能源	—	—	5075	5075
	实物资产合计	—	—	92054	92054
应收投资	根据逆回购协议购买的证券和借入的证券	—	11174	—	11174
	衍生资产	2	3189	1	3192
	其他	—	1962	67	2029
	应收投资合计	2	16325	68	16395
总投资		179126	102418	213023	494567

续表

		截至 2019 年 3 月 31 日			
		等级 1	等级 2	等级 3	合计
投资负债	根据逆回购协议出售的证券和借出的证券	—	(39491)	—	(39491)
	卖空证券	(29027)	—	—	(29027)
	债务融资负债	(26538)	(4323)	—	(30861)
	衍生负债	(48)	(2282)	—	(2330)
	其他	—	(1155)	—	(1155)
	投资负债合计	(55613)	(47251)	—	(102864)
待处理的应收账款		—	4692	—	4692
待处理的应付账款		—	(4401)	—	(4401)
净投资		123513	55458	213023	391994

资料来源：CPPI 2019 财年年报。

风险管理是资产管理业务的核心。本章对挪威政府全球养老基金（GPFG）、新西兰超级年金（NZSF）、加拿大养老金计划投资公司（CPPI）几家大型投资机构的风险管理机制进行梳理，总结如下。

一是各机构对风险的分类存在差异。在风险分类中，例如，CPPI 和 GPFG 是基于相似的风险分类（大多分为市场风险、信用风险、流动性风险等），把风险配置在资产类别上，以进行风险管理；相比之下，NZSF 的风险管理办法比较特别，将投资机会划分为不同的风险篮，包括改善组合结构、具有分散化效果的风险篮，市场定价错误类风险篮，特殊机会类风险篮。

二是不同层级管理机构对于养老基金风险管理做出不同层次的规定。GPFG 由于有比较多的管理层级，从挪威议会到财政部，再到挪威央行投资管理部都对风险进行了规定。但是各层级规定的侧重点不同：（1）挪威议会层面的《政府养老基金法案》主要规定了资金来源及管理者；（2）挪威财政部的《GPFG 管理授权》规定了大类资产的配置范围及区间，并规定了挪威央行董事会必须建立的风险限制；（3）挪威央行投资管理部作为投资管理机构，在财政部的授权范围之内，具体提出绝对敞口等评估指标来分析管理风险，例如，将股票的绝对敞口提高到70%等。

三是各机构风险管理的侧重点不同。GPFG的投资范围主要在公开市场，因此，其风险管理主要基于与基准的重合度评估风险；投资范围更广的机构，不仅限于对基准的拟合程度上。

四是对于风险的评估非常精细。例如，CPPI对于由各类市场价格变化引起的资产组合的可能损失，进行了精确的计算；对外汇风险、币值变化对投资组合的影响进行了敏感性分析，给出币值的变化比例导致的投资组合价值的变化比例。

五是在机构内建立多层次风险管理制度。例如，CPPI针对防控风险建立了不同的层级，以更好地防范风险。

第八章　机构投资者的薪酬激励机制

第一节　机构投资者的薪酬激励机制一般原则

薪酬激励机制设计一般遵循以下原则。一是建立有竞争力的薪酬和激励体系，使管理团队与股东及利益相关者保持长期利益一致，这是薪酬激励机制的设计宗旨。二是保持薪酬战略的有效性，设计简捷，应用直接，易于执行。

就机构管理者而言，为吸引、留住优秀的投资管理人才，从薪酬管理来看，这体现在固定薪酬上，以保持在同业中有竞争力；在激励薪酬上，其与最终受益人的最佳利益挂钩。

第二节　加利福尼亚州公务员退休体系（CalPERS）薪酬激励机制案例及启示

加利福尼亚州公务员退休体系（CalPERS）是全球规模较大的公共养老基金，截至 2022 年 6 月末，资产管理规模达 4400 亿美元[①]，参与人数超过 200 万人。2018～2019 年财报[②]显示，CalPERS

---

① CalPERS, *CalPERS Announces Preliminary Net Investment Return of －6.1% for the 2021-22 Fiscal Year*, https://www.calpers.ca.gov/page/newsroom/calpers-news/2022/calpers-preliminary-investment-return-2021-22.

② CalPERS 的财政年度为当年 7 月 1 日起至下年 6 月 30 日止。资料来源：CalPERS, *Asset Allocation Monthly Update*, https://www.calpers.ca.gov/docs/perf-monthly-update.pdf。

的资产配置中，权益类资产占比为 56.4%（包含公开市场股票 44.4%、私募股权 12.0%），固定收益类资产占比为 26.7%，实物资产占比为 15.8%，以及其他类资产[①]占比为 1.1%。CalPERS 由各类资产的基准基于配置比例共同构成，并随着配置组合的变化做出相应调整。截至 2022 年 6 月末，CalPERS 年度投资收益率为-6.1%，近 5 年（2018～2022 年）、近 10 年（2013～2022 年）、近 20 年（2003～2022 年）的投资收益率分别为 6.7%、7.7%和 6.9%，在 2021～2022 财政年度虽然受到疫情影响，但各大类资产投资回报均跑赢基准。薪酬激励等长期考核机制将管理人员与基金持有人的利益绑定，对基金的运作管理和投资业绩有重要影响。本节聚焦 CalPERS 的薪酬激励考核机制[②]，从薪酬框架、基本工资制度、奖金制度、考核评价流程等方面进行分析，对于建立行之有效的长期考核机制、培育长期投资文化有诸多启发。

一　薪酬激励考核机制概览

薪酬激励考核机制的目标：既使薪酬高到足够吸引和留住人才，又不至于吸引到仅关注薪酬的人。本节讨论的薪酬考核制度覆盖高管层和投资管理职位的人员。（1）公司高管职位：首席执行官、首席精算师、首席财务官、首席投资官、首席法务官；（2）投资管理职位的人员：首席运营投资官、投资董事总经理、投资董事、投资经理、投资副经理。

CalPERS 激励考核机制建立在政府法规的基础上，《政府 20098 法规》（Government Code Section 20098）规定[③]，董事会有权决定首

---

① 根据 CalPERS 年报及月度资产配置报告，其他类资产主要包括流动性资产、多资产类别、敞口叠加、风险缓释、绝对回报策略、计划级别资产配置转换和服务于基金整体的其他类别投资组合。

② 本节资料主要来源于 CalPERS 年报及 2018 年 3 月 20 日董事会议材料。

③ "California Government Code," https://codes.findlaw.com/ca/government-code/gov-sect-20098.html.

席执行官、首席精算师、首席投资官、首席法务官、首席财务官及投资人员和组合经理等管理职位的薪酬。本节覆盖的职位符合现有法律规定的一般公务员任命规定及公务员管理的大多数条款，其中包括体制内政府管理层雇员的规定。

CalPERS之所以制定一个全面的薪酬考核机制，是因为在人才市场，机构投资、精算估值、养老金管理领域的人才，特别是投资管理专业人才，大多来自私营部门。资管部门的薪酬随基金表现而调整，而且一般高于加利福尼亚州公务员薪酬，因此，公务员对应的固定薪酬区间不适合招聘投资专业人员。

本节覆盖人员的薪酬由三部分构成：基本工资（Base Pay/Salary）、奖金（Pay-for-Performance/Incentive Pay）、特别奖金（Special Pay）。

基本工资概况：（1）每类职位的基本工资区间不同；（2）基本工资区间基于每两年收集的公共和私人相关部门市场薪酬调查数据或董事会认为必要时的调研数据确定；（3）基本工资区间的变化由雇员年度考核评价程序决定，或是出于对公平或留住人才的考虑决定。

奖金概况：（1）奖金是年度发放的一次性现金回报；（2）奖金与工作表现挂钩；（3）每个职位的奖金激励可能不同。

特别奖金概况：（1）用于留住人才、解决内部公平性问题、奖励特别优秀的表现等；（2）用于招聘候选人；（3）根据合格候选人的特殊情况进行一次性支付或是特别的招聘条件。

二 基本工资制度

（一）基本工资区间的决定因素

基本工资基于《政府20098法规》第（a）条款制定。基本工资不是单一值，而是一个区间，由以下一个或多个因素决定：

（1）内部公平性因素；

（2）每两年搜集的公共和私人相关部门市场薪酬调查数据，或由

“工作表现、薪酬与人才管理委员会”（Performance, Compensation and Talent Management Committee, PCTMC）决定的薪酬水平；

（3）空缺职位的相关市场数据；

（4）行业标准、最佳实践。

（二）基本工资区间的参照系

PCTMC 决定，本节所覆盖职位的目标四分位数（Quartile）参考同业竞争者（包括公共和私人部门）的市场薪酬数据的调查结果而确定。

高管职位：参考领先的美国公共基金（Public Funds），领先的加拿大公共基金，部分加利福尼亚州州立机构、银行和保险公司。

投资管理职位：参考大型综合机构投资者，包括美国公共基金、加拿大公共基金、美国公司计划参与者（US Corporate Plan Sponsors）；参考规模相当的私人资产管理机构，包括投资管理/投资咨询公司、保险公司和银行。

根据 2018 年 3 月 20 日 CalPERS 董事会议材料，表 8-1 展现了基本工资区间。

表 8-1　基本工资区间

单位：美元

职位	基本工资区间	四分位区间的最高值			
		第一分位	第二分位	第三分位	第四分位
首席执行官	224000~352800	256200	288400	320600	352800
首席精算师	206000~310000	232000	258000	284000	310000
首席法务官	214000~351624	248406	282812	317218	351624
首席财务官	210000~310000	235000	260000	285000	310000
首席投资官	408000~612000	459000	510000	561000	612000
首席运营投资官	240000~393120	278280	316560	354840	393120
投资董事总经理	262000~428064	303516	345032	386548	428064

续表

职位	基本工资区间	四分位区间的最高值			
		第一分位	第二分位	第三分位	第四分位
投资董事	188000～307944	217986	247972	277958	307944
投资经理	140000～229320	162300	184660	206990	229320
投资副经理	108000～162000	121500	135000	148500	162000

注：各分位最高值=基本工资区间下限+（基本工资区间上限-下限）/4×（1，2，3，4）。

资料来源：2018 年 3 月 20 日董事会议材料，计算方法为笔者备注。

为确保基本工资区间合理，且具有相对竞争力，每两年或者董事会认为必要时，进行一次对所有高管和投资管理可比职位的综合薪酬调查。当某职位空缺或设立新职位时，为检验薪酬的合理性或为确定新职位薪酬区间，可以进行有针对性的调研。在这些综合调查的中间间隔年份，将根据美国薪酬协会（American Compensation Association）等可靠的薪酬数据来源，调整基本工资区间。

对工资区间调整的实施时间由董事会批准后决定。雇员基本工资将在招聘时由其招聘主管，根据内部公平性、技能、专业及其他相关因素确定①。

（三）基本工资的上调

个人基本工资的提升随年度考评进行。年度薪酬涨幅区间为 0～10%，这取决于以下因素：基本工资当前所处的四分位数；总体表现评级（卓越、优秀、合格、不合格）。

在市场上相关职位的基本工资提高 4%的情况下，高管所处的基本工资区间分位数越高，则相应的提升比例越低。例如，在表现评

① 注：2018 年 3 月 20 日的董事会议专门讨论薪酬制度变化，对比董事会议材料中薪酬考核制度的前后两个版本，新版本在确定雇员基本工资的表述中删除了“雇员当前薪酬”这一因素，也即只考虑其技能等因素，不再明确强调考虑其前一份工作的薪酬。

级为卓越的情况下，第一分位及以下、第二分位、第三分位、第四分位分别提升 10%、8%、6%、4%（见表 8-2）。在高管目前所处的基本工资区间分位相同的情况下，表现评级越高，则相应的基本工资提升比例越高。例如，基本工资处于第二分位的高管，在卓越、优秀、合格、不合格的表现评级下，基本工资提升比例分别为 8%、6%、4%、0。

按照表 8-2 所定义的矩阵，如果年度增值超过了基本工资上限，则只能给予上限。任何情况下，基本工资都不能超过区间上限。

表 8-2 市场上高管基本工资提升 4%时的 CalPERS 基本工资上调矩阵

单位：%

表现评级	提升之前基本工资区间所在的分位			
	第一分位及以下	第二分位	第三分位	第四分位
卓越	10	8	6	4
优秀（超越标准）	8	6	4	2
合格	6	4	2	0
不合格	2	0	0	0

资料来源：CalPERS 2018 年 3 月 20 日董事会议材料。

三 奖金制度

（一）年度激励计划（Annual Incentive Plan）

年度奖金的构成要素包括：（1）机构层面表现结果（Organizational Performance Outcome，OPO），例如，用“激励矩阵”体现；（2）个人关键业务目标（Individual Key Business Objectives，IKBO），例如，业务目标、领导力等。关于激励计划的具体案例可参考下文（见表 8-4 至表 8-9）中首席执行官的激励计划。

所有人的年度激励计划都包括 OPO，每个人的具体 OPO 可能不同。但是，IKBO 并不是每个人都有。

OPO 是一个可量化的矩阵，由 PCTMC 事先批准的考核类别构成，具体如下：运营效率、利益相关者关系、客户满意度、投资回报（考核总基金或资产类别或组合的回报）。

对于首席运营投资官及相关职位而言，其主要职责是风险管理，因此，在激励机制中，投资回报不作为 OPO 考核类别。

IKBO 可以采取量化或非量化指标。如果有 IKBO 评价指标的话，则每人将有 1~3 个关键业务目标，这些关键业务目标与上述 OPO 的考核内容相关。

OPO 和 IKBO 在年度激励计划中的权重会事先决定，年度激励计划的总权重不超过 100%。每个人的激励计划中的 OPO 和 IKBO 的权重分配可能不同。OPO 和 IKBO 的评级级别见表 8-3。

表 8-3　OPO 和 IKBO 的评级级别

指标	评级级别
OPO 评级级别	最高(远超过预期)
	最高与目标之间
	目标
	目标与门槛之间
	门槛(最低激励水平)
	门槛以下(没有奖金)
IKBO 评级级别	最高(远超过预期)
	目标
	门槛(最低激励水平)
	门槛以下(没有奖金)

资料来源：CalPERS 2018 年 3 月 20 日董事会议材料。

可变调节值（Discretionary Modifier）是对个人奖金进行向上或向下调整的因子，每个人都会有不同的可变调节值（即下文提到的评级级别所对应的乘数）。

首席执行官的薪酬激励计划（2017～2018 财年）如表 8－4 所示。

表 8-4　首席执行官的薪酬激励计划（2017~2018 财年）

<table>
<tr><th>权重</th><th>激励矩阵</th><th>考核方法</th></tr>
<tr><td>40%</td><td>总组合表现（总组合相对于政策基准的 5 年表现）</td><td>1</td></tr>
<tr><td>10%</td><td>投资成本效率（相对于同业投资成本与回报的 5 年表现）</td><td>2</td></tr>
<tr><td>15%</td><td>利益相关者关系</td><td>3</td></tr>
<tr><td>5%</td><td>企业运营效率（与产品和服务不直接相关的行政成本占全部运营成本的比例）</td><td>4</td></tr>
<tr><td colspan="2">关键业务目标（IKBO）</td><td rowspan="3">5</td></tr>
<tr><td>10%</td><td>业务计划与投资规划</td></tr>
<tr><td>20%</td><td>机构领导力</td></tr>
<tr><td>100%</td><td colspan="2">总权重</td></tr>
</table>

资料来源：CalPERS 2018 年 3 月 20 日董事会议材料。

考核方法 1、2、3、4、5 分别见表 8-5、表 8-6、表 8-7、表 8-8、表 8-9。

表 8-5　考核方法 1

与基准差异	支付比率（乘数）
35BP	1.5
30BP	1.41
20BP	1.25
5BP	1
0	0.76
-15BP	0.05
小于-15BP	0

资料来源：CalPERS 2018 年 3 月 20 日董事会议材料。

表 8-6　考核方法 2

分值	乘数
净回报值和成本分别高于美国基准 0.2%和 5BP	1.5
净回报值和成本分别高于美国基准 0.001%和 1BP	1
净回报值或成本高于基准	0.5
净回报值和成本都低于基准	0

资料来源：CalPERS 2018 年 3 月 20 日董事会议材料。

表 8-7　考核方法 3

分值	表现水平	支付比率(乘数)
大于 75%	最优	1.5
73%～75%	高于目标	1.25
71%～73%	目标	1
69%～71%	低于目标	0.75
67%～69%	门槛	0.5
小于等于 67%	门槛以下	0

资料来源：CalPERS 2018 年 3 月 20 日董事会议材料。

表 8-8　考核方法 4

分值	支付比率(乘数)
小于-1.1%	1.5
-1.1%～-0.6%	1.25
-0.6%～0	1
0～1.0%	0.75
1.0%～1.5%	0.5
大于 1.5%	0

资料来源：CalPERS 2018 年 3 月 20 日董事会议材料。

表 8-9　考核方法 5

评价	支付比例(乘数)
远超预期	1.5
合格	1
不合格	0

资料来源：CalPERS 2018 年 3 月 20 日董事会议材料。

（二）年度奖金制定环节

年度奖金制定包括三个环节：个人制订年度激励计划，不同职位的年度激励计划由不同批准人批准；个人每半年提交一份个人关键业务目标评价报告，不同职位由不同批准人批准；基于激励计划完成度进行考核评价。具体如下。

1. 制订年度激励计划

在会计年度开始之前，制订年度激励计划，不同职位的年度激励计划的批准人不同（见表 8-10）。

表 8-10　年度激励计划的批准人

职位	批准人
首席执行官 首席投资官	董事会(由 PCTMC 提议)
首席精算师 首席财务官 首席法务官	首席执行官
首席运营投资官 投资董事总经理 投资董事 投资经理 投资副经理	首席执行官、首席投资官

资料来源：CalPERS 2018 年 3 月 20 日董事会议材料。

OPO 和 IKBO 由经批准的考核标准来考核，例如，基准指标、机构工作目标等。所有考核标准需要由对应的批准人批准（见表 8-11）。

表 8-11　OPO 与 IKBO 考核指标的批准人

职位	批准人					
	直线领导	首席运营投资官	首席投资官	投资顾问	首席执行官	董事会
首席执行官				√		√
首席投资官				√	√	√
首席精算师					√	
首席财务官					√	
首席法务官					√	
首席运营投资官					√	
投资董事总经理					√	
投资董事			√		√	
投资经理		√	√	√	√	
投资副经理	√	√	√	√	√	

注：所有投资回报标准必须由投资顾问审核。

资料来源：CalPERS 2018 年 3 月 20 日董事会议材料。

2. 半年评价报告提交

每个人都必须在财年的半年度末（覆盖的时间段为 7 月 1 日至 12 月 31 日）和年末（覆盖的时间段为 1 月 1 日至 6 月 30 日）分别提交 IKBO 情况报告和 OPO 报告。半年报的批准人与年度激励计划批准人一致。

3. 基于激励计划完成程度的考核评价

年终考核年度激励计划的完成情况。

投资回报考核标准的更改必须在董事会的投资顾问审核后，才能被批准及写入激励计划。首席运营投资官发挥独立审核作用，确保激励计划符合公司表现目标、投资政策和合规规则。

（三）年度奖金区间

在 PCTMC 提议下，董事会为相应职位制定奖金区间。奖金区间的上下限相当于年度基本工资的比例（见表 8-12）。年度奖金根据年度激励计划的完成水平确定。奖金区间由 PCTMC 定期回顾，任何对奖金区间的调整需经董事会批准。

表 8-12 奖金区间及目标奖金

职位	奖金区间	目标奖金
首席执行官	0~40%	27%
首席精算师	0~40%	27%
首席法务官	0~40%	27%
首席财务官	0~40%	27%
首席投资官	0~75%	50%
首席运营投资官	0~60%	40%
投资董事总经理	0~75%	50%
投资董事	0~60%或 0~75%	40% 50%
投资经理	0~45%或 0~60%或 0~75%	30% 40% 50%
投资副经理	0~40%	27%

资料来源：CalPERS 2018 年 3 月 20 日董事会议材料。

投资董事和投资经理的奖金区间变化需要由主管（Supervisor）书面提交给首席运营投资官审核，由首席投资官批准，最终的批准情况取决于首席执行官。奖金区间的变化作为年度评价过程的一部分，并在下一财年生效。奖金区间的变化依据以下几方面表现。

（1）工作表现：个人表现显著且持续超过预期。

（2）公平：内部公平性。

（3）留住人才：留住优秀的、可能离开本机构的投资专业人才。

（四）奖金计算公式及考核期

1. 奖金计算公式

公式如下：

考核权重×计划完成水平（乘数）×目标奖金=奖金

具体可以拆解为：（OPO 比重×评级对应乘数+IKBO 比重×评级对应乘数）×目标奖金=奖金。

其中，OPO 的评级包括量化的投资回报评级与非投资回报评级。

2. 考核期

上述不同考核指标的考核期间不同。

（1）与投资回报相关的量化考核一般是基于 5 年或多年表现的相对于基准的考核，旨在使个人奖金制度与机构的长期投资目标相一致。

（2）除总组合及特定资产类别表现之外的其他量化评价一般基于年度表现，或内部表现目标或相关的基准。

（3）IKBO 的非量化评价一般基于年度表现。

3. 奖金计算

在 OPO 中，所有投资回报相关的奖金考核是基于 5 年时间相对于基准的考核。OPO 其他奖金部分基于年度表现。OPO 两个部分（投资回报相关、其他部分）奖金的计算见表 8-13、表 8-14。

表 8-13　OPO 中 5 年投资回报支付情况

与基准差异	支付比率（乘数）
35BP	1.50
30BP	1.41
20BP	1.25
5BP	1.00
0	0.76
-15BP	0.05
小于-15BP	0.00

资料来源：CalPERS 2018 年 3 月 20 日董事会议材料。

表 8-14　OPO 中除投资回报之外的支付情况

分值	表现水平	支付比率（乘数）
大于 70%	最优	1.50
65%～70%	高于目标	1.25
60%～65%	目标	1.00
55%～60%	低于目标	0.75
50%～55%	门槛	0.50
小于 50%	门槛以下	0.00

资料来源：CalPERS 2018 年 3 月 20 日董事会议材料。

IKBO 的考核评级及相应乘数如表 8-15 所示。

表 8-15　IKBO 的考核评级及相应乘数

非量化评级	相应乘数
远超预期	1.5
符合预期	1
不符预期	0

注：评级级别之间可以存在中间状态和相应的乘数。
资料来源：CalPERS 2018 年 3 月 20 日董事会议材料。

4. 考核调整机制

（1）奖金可以依据个人的非量化贡献，进行任何比例的向上调整。调整不能超过潜在最大奖金，当调整超过潜在最大奖金时，奖金将限于最大奖金数。

（2）可以依据对个人表现的不满意程度，对奖金进行任何比例的向下调整。

（3）对于没有遵守 CalPERS 的风险管理原则、政策、流程及程序的情况，奖金可以下调 50%或者完全取消，依据不遵守规则的严重性确定。

这些调整在年度评估流程中进行，考虑非量化因子，例如，与 CalPERS 文化和价值相关的表现、领导力、特别贡献、努力程度等；还包括与人才相关的战略性活动，例如，继任计划、留住人才、人才供给或发展等。

考核调整需要经过相应批准人批准，具体如表 8-16 所示。

表 8-16　考核调整的相应批准人

职位	批准人
首席执行官	董事会(由 PCTMC 提议)
首席投资官 首席精算师	董事会(由首席执行官和 PCTMC 提议)
首席财务官 首席法务官	首席执行官(董事会有否决权)
首席运营投资官 投资董事总经理 投资董事 投资经理 投资副经理	首席执行官(由首席投资官提议)

资料来源：CalPERS 2018 年 3 月 20 日董事会议材料。

（五）比例奖金

比例奖金一般指给予服务期限不满一年的个人的奖金，与个人服务机构的月份数成比例，这取决于表现、任务完成情况以及综合评价。

一般而言，在财年下半年任命的个人不会获得奖金，直到下一个完整财年结束时才会获得奖金，奖金金额将按比例体现在任职开始至相应时间的整个服务期。但是，可以在首席执行官、PCTMC 提议下，由董事会批准给予一些任期不满 6 个月的个人一定比例奖金。

在财年中，个人由普通投资人员（CalPERS Ⅲ）提升至本节所覆盖人员时，其奖金将由两个职位的基本工资和激励计划来确定（比例奖金体现年度中期任命情况）。比例奖金不应给予一个财年中在两个职位的总服务期不满 6 个月的个人。

（六）延迟、降低、取消奖金

当总组合回报为负值且低于基准时，董事会有权降低、推迟或取消雇员的全部或部分奖金。在董事会决定延迟发放奖金到下一财年时，奖金支付将延迟到总组合的全年绝对收益为正值（大于 0）的第一个财年的不超过 115 天，或者对于非自愿解除合同、死亡、残疾失能或退休的个人，奖金延迟的时间不会超过发生这些事件的财年结束后的 115 天。在年度表现评价中总表现评级为“未达标”的个人，将不会获得奖金。

四　特别奖金

（一）投资管理职位的基本工资区间内特别奖金

首席投资官可以在一年的任何时间提议给予投资管理团队成员不超过年度基本工资 15%的特别奖金。在特殊情况下，其可以高于年度基本工资的 15%。不管是否超过 15%，都要经首席执行官和董事会代表同意，并且汇报给 PCTMC。

获取该奖励的标准如下。

（1）表现：个人表现显著，持续超过预期。

（2）公平：所担负职责及内部公平性。

（3）留住人才：留住优秀的投资专业人才。

（二）高管职位的基本工资区间内特别奖金

在特别情况下，出于对留住人才及薪酬公平性的考虑，可以给予高管特别奖金。高管特别奖金需由相应批准人批准（见表 8-17）。

表 8-17　高管基本工资范围调整的相应批准人

职位	批准人
首席执行官 首席投资官	董事会(由 PCTMC 提议)
首席精算师 首席财务官 首席法务官	首席执行官(董事会代表)

资料来源：CalPERS 2018 年 3 月 20 日董事会议材料。

（三）临时任职

临时任职是在必要时暂时任命团队成员担负某职位的全面职责，直到新的全职人员到位。此类任职时间一般不少于 60 天。

临时任命及临时额外薪酬应由对应的批准人批准（见表 8-18）。首席投资官需向 PCTMC 和董事会汇报临时任命及临时额外薪酬。

表 8-18　临时任命及临时额外薪酬相应批准人

职位	批准人
首席执行官 首席投资官	董事会(由 PCTMC 提议)

续表

职位	批准人
首席精算师 首席财务官 首席法务官	首席执行官(董事会代表)
首席运营投资官 投资董事总经理 投资董事 投资经理 投资副经理	首席执行官(由首席投资官提议)

资料来源：CalPERS 2018 年 3 月 20 日董事会议材料。

(四) 特别招聘工资

为了吸引和留住拥有高技能的高管及投资管理专业人才，在从州服务机构以外的单位招聘时，可以提供特别招聘工资。特别招聘工资是一次性的、前端支付，旨在激励候选人接受职位。给予个人的差额都不同，但是在任何情况下，特别招聘工资不能超过新聘用者年度基本工资的 60%。批准人规则与高管基本工资范围调整的批准人一致。

在以下情况，雇员需要返还所接受的特别招聘工资：任职不足 12 个月时离职，返还特别招聘工资的 100%；任职在 12~24 个月时离职，返还特别招聘工资的 50%。返还特别招聘工资的任何特殊情况，需经首席投资官及其他相关批准人批准。

五　年终考核评价流程

年终考核评价流程是年度奖金和基本工资上涨的基本依据。年度考核文件要在财年结束之前完成，包括个人对年度激励计划的完成情况以及下文描述的管理职能的表现情况。

对于投资管理职位，考核评价结果以及基本工资上涨由首席执行官批准，首席执行官可以将部分批准职权授予首席投资官。首席执行官和首席投资官的表现评价由 PCTMC 完成。

（一）年度奖金决定流程

个人需要向主管上级提交年终（或第二年半年度）工作情况报告，反映年度激励计划最终完成情况。这个综合报告是年度奖金的基础。奖金金额决定流程如下。

（1）初步评估人对于非量化指标给出表现评级、评价，必要时可以要求相关人员提供反馈。

（2）量化投资指标的评级由董事会的投资顾问，基于由道富（State Street）及其他机构提供的投资表现数据来计算。

（3）人力资源部门使用董事会投资顾问提供的计算结果，汇总量化指标的评级乘数以及非量化指标的评级乘数，计算奖金的美元值。

（4）在任何奖金发放之前，CalPERS 的外部审计人或其他所选独立咨询人对于所有计算 OPO 表现结果的数据和流程进行审核和评价[①]。

奖金的最后批准如“表现评价批准流程”所示（见表 8-19）。

表 8-19 表现评价批准流程

职位	初步评价人	提供反馈	批准人
首席执行官	PCTMC	PCTMC 之外的董事会成员	董事会
首席投资官	PCTMC	首席执行官、PCTMC 之外的董事会成员	董事会
首席精算师 首席财务官 首席法务官	首席执行官	PCTMC 及其他董事会成员（可选）	首席执行官（董事会有否决权）

① 在奖金决定流程中引入外部监督。

续表

职位	初步评价人	提供反馈	批准人
首席运营投资官 投资董事总经理	首席投资官	首席执行官	首席执行官（董事会代表，基于首席投资官提议）
投资董事	投资董事总经理	首席投资官、首席运营投资官	首席执行官（董事会代表，基于首席投资官提议）
投资经理	投资董事	投资董事总经理、首席运营投资官	首席执行官（董事会代表，基于首席投资官提议）
投资副经理	投资经理	投资董事总经理、首席运营投资官	首席执行官（董事会代表，基于首席投资官提议）

资料来源：CalPERS 2018 年 3 月 20 日董事会议材料。

（二）基本工资上调流程

上调基本工资的决定与年度激励计划相互独立。管理表现及总体工作考核评级是基本工资上涨的依据。在财年末（6 月 30 日），所有人要准备一份年终成绩总结报告，重点说明未体现在激励计划中的但最值得关注的成就。初步评估人对个人管理表现进行评价，并给予一个总体表现评级（Overall Performance Rating）。总体评价表现是上调基本工资的评价矩阵的基础。

六　启示

（1）作为一家大型机构投资者、公共养老基金，CalPERS 制定了较为详细的薪酬激励制度，包括相应职位的基本工资区间、激励考核相关流程和批准人规定等。

（2）上调基本工资有最高额度限制，调整只能在最高额度范围之内。特殊情况下，可以给予工资区间内的特别奖金。

（3）考核指标分为量化指标和非量化指标两类，量化指标由独立的第三方机构完成，非量化指标由内部评估人完成，人力部门计算的数据和计算过程受到第三方机构监督。

（4）与投资回报相关的考核指标都基于5年时间的表现，与基金作为长期投资者的使命相吻合。投资回报之外的其他考核指标基于当年表现。

（5）CalPERS激励考核机制基于自身情况制定，其部分内容的适用性值得斟酌。例如，奖金的确定由之前规定的董事会批准改为2018年3月由首席执行官批准，以使首席执行官权利进一步集中，优点在于增强和增加了首席执行官的权威和权利，弊端在于削弱了董事会的作用。

第三节　加拿大养老金计划投资公司（CPPI）薪酬激励机制：案例及启示

CPPI薪酬计划基于三个原则：吸引和留住顶级投资和管理专才、基于表现付薪、使雇员利益与CPP缴费者和受益人的利益长期一致。

一　风险共担措施

薪酬计划包括一系列的风险共担措施。

一是很大比例的薪酬处于风险之中——对于高级管理层和资深雇员，很大比例的薪酬为可变和递延薪酬，递延部分随基金的表现而波动。

二是长期的衡量措施——对数年表现的评估，以与基金长期投资者属性相匹配。

三是最大薪酬限制——激励乘数设有上限。

四是稳健的投资回报目标基准——回报率目标由董事会批准、风险限制。

五是召回机制——董事会可以召回或调整所有形式的激励薪酬。

二　设计原则

薪酬结构基于以下设计原则确定。

一是聚焦总体基金表现——每个雇员总激励中的30%与总组合表现相关。总组合表现包括绝对总回报与加元增加值。这使员工薪酬和基金缴费者与受益者利益一致。

二是表现评价期与长期投资者使命吻合——对总组合进行5年期的评估以反映长期投资性质。部门表现的评估也基于多年框架。这样可以提高评估的准确性并降低波动性。

三是评估质和量两个方面的表现。

四是薪酬组合与市场惯例一致——固定薪酬及可变薪酬组合、短期薪酬与长期薪酬组合反映市场趋势。

五是为所有雇员建立一致的框架——所有雇员在总组合表现、部门及小组表现、个人表现方面拥有相同的权重。

三　薪酬构成

（一）基本工资

基本工资反映技能水平、能力、表现。通常使用第三方年度薪酬调查确保薪酬具有市场竞争力。每个财政年度结束时重估基本工资。高级管理层的工资水平调整要经董事会批准。CPPI 的基准薪酬对标以下三类机构。

（1）加拿大养老基金：CDPQ、OTPP、bcIMC、AIMCo、OMERS、PSPIB、HOOP、OPTrust。

（2）加拿大公募投资资产管理机构：CI Investment，AGF Management，Fiera Capital，Mackenzie Investments，RBC Global Asset Management。

（3）范围更广的劳动力市场：顶级加拿大养老基金以及范围更广的金融市场，例如，美国和加拿大的投资公司、保险公司、银行。

（二）激励薪酬计划

每个财年结束，雇员将获得年终奖，年终奖计算公式为：基础薪酬×激励目标×表现乘数=年终奖。当年年终奖（In-year Award）在财年末以现金支付方式体现，对于资深雇员，递延年终奖（Deferred Award）将递延三年。表现乘数（Performance Multiplier）取决于以下三个因子。

（1）总组合表现。该系数基于5年期评价，由加元增加值和总组合绝对回报以相等权重构成。在个人激励薪酬中，占比为30%（高管为50%），以使个人薪酬与总组合表现更紧密挂钩。

（2）部门及小组表现。每年初确定部分表现的质和量目标。每年底评价目标实现情况，包括增加值。根据目标及表现评价方法，确定评价是基于一年还是数年。在个人激励薪酬中，占比为30%。

（3）个人表现。每年评价每个雇员的表现，基于年初设定的目标进行评价。在个人激励薪酬中，其占比为40%。

每个表现因子都有基于总激励薪酬的固定占比及权重（见图8-1）。这些权重在整个机构都一致。以每个表现因子的目标值为参照，总激励（Total Pay Incentive）乘数的变化范围为0~2倍。奖金取决于

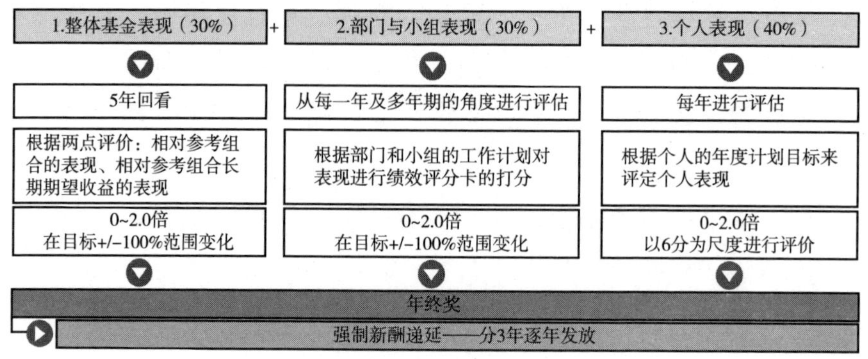

图8-1　年终奖各部分组成情况

资料来源：CPPI 2019财年年报。

表现与年初设定目标之间的比较。资深雇员必须递延部分年终奖，其在未来三年内逐年发放。所有递延奖金被视为投资于基金，其价值随总组合表现而波动。

奖金中的现金部分和递延部分因雇员级别与角色不同而不同，越是高级雇员，递延部分的比例越高。2019 财年 CPPI 高级管理者薪酬构成见图 8-2。

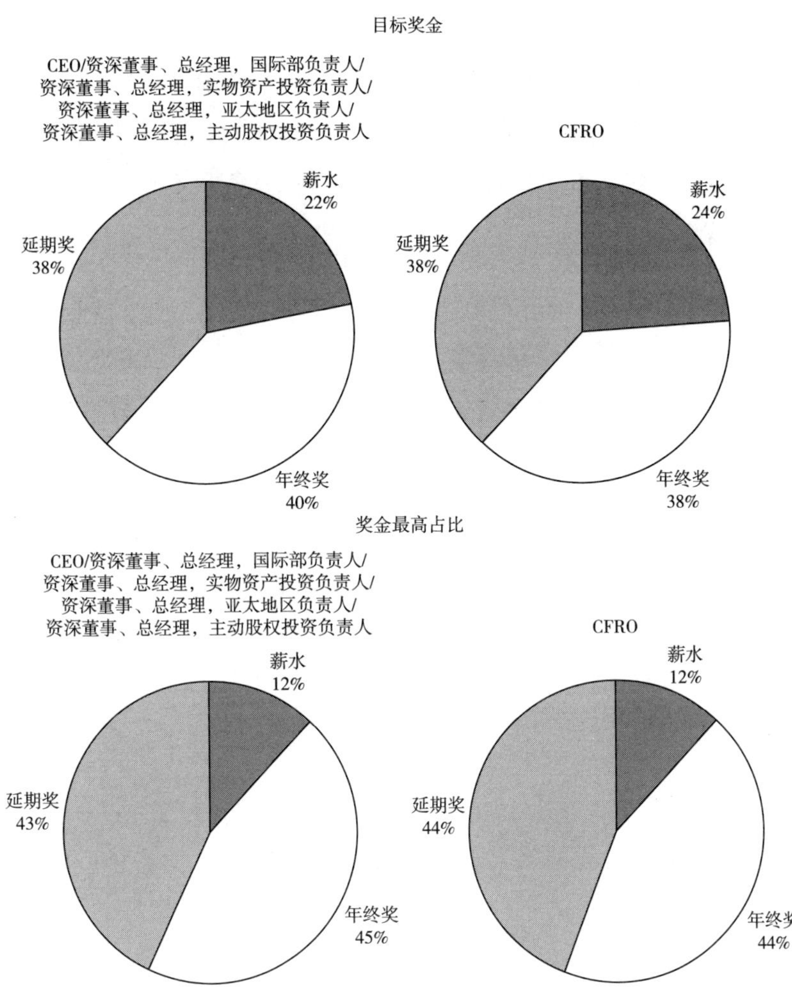

图 8-2　2019 财年 CPPI 高级管理者薪酬构成

资料来源：CPPI 2019 财年报。

除此之外，CPPI 还有其他自愿或补充薪酬机制。例如，自愿递延激励计划（Voluntary Deferral Incentive Plan，VDIP），即在当地税法许可的范围内，雇员可以递延部分或全部年终奖，递延部分被视为投资，雇员可以选择将全部递延资金投资于 CPP 基金，也可以将其部分投资于 CPP 基金，其中，投资于 CPP 基金的私募投资组合的部分不超过 50%。VDIP 是一种使雇员利益与基金表现相关联的方法。加拿大的雇员还可以参加加拿大养老金计划（CPP），自己缴纳收入（基本工资+不超过 50%基本工资的激励薪酬）的 4.5%，CPPI 配套 4.5%，即相当于缴费率 9%的养老金计划。雇员也享有寿险、伤残抚恤金、医疗和牙科福利、休假福利、健身支出报销、雇员家庭支持计划等。

第九章　机构投资者的产品设计

第一节　机构投资者的产品设计原则

对于主权财富基金、捐赠基金等机构资产所有者而言，其主要任务是聚焦投资收益；养老储备基金、公共养老基金都是如此。

对于第二支柱养老基金和第三支柱养老基金，则需要考虑产品设计。两者又有不同。第二支柱养老基金主要针对机构，是对缴费集合进行管理，在了解机构客户投资诉求基础上，设计产品，而且通常客户资产规模不会很小（与第三支柱养老基金相比）。

第三支柱养老基金产品主要面向个人缴费者，与第二支柱产品有很大不同，产品设计应该具有以下特点。

一是了解个人年龄需求、收益及流动性需求，匹配适当风险水平，进行资产配置。

二是提供多样化的产品，以适应不同个人客户的需求。

三是注重产品便利性，使客户在购买、转移、支取方面都易于操作。

四是产品配套服务到位，在投顾咨询方面能适应客户需求。

人社部、财政部、银保监会等部门于2022年6月联合发布《〈关于推动个人养老金发展的意见〉宣传提纲》（下称《提纲》），《提纲》确定了个人养老金遵循的三个基本原则：注重多层次、多支柱养老保险体系的整体性；注重操作简便性和实效性；

注重维护金融市场规则。这也确定了我国第三支柱养老基金产品设计的原则。

第二节　机构投资者的产品设计案例（AustralianSuper）及启示

澳大利亚超级年金（AustralianSuper，AS，以下简称年金基金）创立于 2006 年，由原来的澳大利亚退休基金（The Australian Retirement Fund，ARF）及超级年金信托（The Superannuation Trust of Australia，STA）合并成立。截至 2019 年 6 月 30 日，AS 会员数为 215.5 万人，参加企业为 30 万家，AS 会员账户余额平均为 6.96 万澳元，会员平均年龄为 40 岁，2019 财年，净现金流入为 161 亿澳元，平衡组合中 50%的资产投资到国际市场，平衡组合（AS 规模最大的一个组合）自成立以来的年均回报率为 9.65%。到 2019 年 6 月 30 日，AS 管理的资产规模达到 1706 亿澳元。

澳大利亚金融市场比较发达，年金管理市场竞争激烈，必须通过高质量的服务来获得客户。在 AS 的业务架构中，会员服务非常重要，会员服务、投资管理、公司中后台业务“三足鼎立”[①]。产品设计是吸引会员的关键，下文从账户设置、投资选择、费用收取、税收安排、投资收益几个方面分析 AS 的产品设计。

一　超级年金账户设置与支取规定[②]

AS 为会员设置三种账户。

1. 一般超级年金（Super Account，Super）账户，其是会员在未达到最低领取年龄前的账户，用于缴费和投资。

---

① 高管团队除了 CEO 之外，还有 7 名高管，他们分别负责投资、成员服务及体验、成员拓展、产品品牌及声誉、公司服务（法务、合规、风控）、人力、技术服务。

② 资料来源：AustralianSuper，*Accessing Your Super*，https：//www. australiansuper. com。

2. 退休过渡（Transition to Retirement，TTR）账户，其是会员在达到最低领取年龄（Preservation Age）后，一边工作一边领取超级年金的账户，以向完全退休过渡。申请 TTR 账户需要达到最低领取年龄，并且是澳大利亚国民、永久居民、新西兰国民或持有符合条件的退休签证[①]。

3. 收入选择（Choice Income，CI）账户，其是会员在达到最低领取年龄并且完全退休后的超级年金账户。在 CI 账户中，会员可以拥有免税收入，可以在任何时间一次性提取 1000 澳元以上资金，支取额可以提高（支取额没有上限，但是有下限）。

从账户功能来看，这三个账户是针对会员的不同生活阶段设计的。在符合领取条件之后，CI 和 TTR 账户把超级年金转换为定期收入，而不必把超级年金账户资金一次性全部领出，可以继续进行投资，并定期领取现金。

最低领取年龄是超级年金账户中非常重要的一个年龄概念，是指在正常情况下可以领取超级年金账户资金的最低年龄，不同出生年份的人有不同的最低领取年龄（见表 9-1）。达到最低领取年龄后，能领取超级年金的情况包括：（1）已经永久退休；（2）虽然仍在工作，但是将超级年金转到 TTR 账户；（3）在 60 岁后更换工作；（4）已经 65 岁（即使继续工作）。未达到最低领取年龄，可以领取超级年金的情况包括：财务困难、基于其他值得同情的理由、离开澳大利亚超级年金支付体系、重症晚期及终身残疾、离职并且账户金额不足 200 澳元。

---

① TTR 账户其他开立条件包括：需要在 TTR 账户中至少有 2.5 万澳元，而且必须在 Super 账户上达到最低余额要求。如果想继续保持保险覆盖，则需要保留 Super 账户，有两点非常重要：（1）需要在 Super 账户有足够的金额来支付保险；（2）如果 16 个月内不对 Super 账户进行任何缴款，保险覆盖将停止。为了符合保险覆盖要求，Super 账户最低余额为 1000 澳元。

表 9-1 不同出生年份所对应的最低领取年龄

单位：岁

出生年份	最低领取年龄
1960 年 7 月 1 日前	55
1960 年 7 月 1 日至 1961 年 6 月 30 日	56
1961 年 7 月 1 日至 1962 年 6 月 30 日	57
1962 年 7 月 1 日至 1963 年 6 月 30 日	58
1963 年 7 月 1 日至 1964 年 6 月 30 日	59
1964 年 7 月 1 日后	60

资料来源：AustralianSuper, *Important Things to Know about TTR Income*, *Product Disclosure Statement*, https://www.australiansuper.com/investments/your-investment-options/member-direct; AustralianSuper, *Important Things to Know about Choice Income*, *Product Disclosure Statement*, https://www.australiansuper.com/investments/your-investment-options/member-direct。

从投资选择来看，三者的投资选择基本相同。AS 设计了四种投资方式（下文会详细分析各种投资方式）：一是智能默认（Smart Default，SD）；二是预选组合（PreMixed）；三是自选组合（DIYMix）；四是会员直投（Member Direct，MD）。Super 和 CI 账户都可以任意选择四种投资模式，TTR 账户除了“会员直投”不能选择外，其他都可以选择。

从支取规定来看，Super 账户不涉及支取；TTR 和 CI 账户的支取规则基本一致，不同之处在于，TTR 账户有余额 10% 的支取上限，而 CI 账户没有。TTR 账户在如下情况可解除支取上限：达到或超过最低领取年龄且永久退休、60 岁以后更换工作、年龄达到 65 岁（见表 9-2）。

表 9-2　TTR 账户的支取限制

单位：%

2017 年 7 月 1 日的年龄	每年最低提取额（占账户余额比例）	每年最高提取额（占账户余额比例）
最低领取年龄（64 岁）	4	10
65~74 岁	5	没有限制
75~79 岁	6	
80~84 岁	7	
85~89 岁	9	
90~94 岁	11	
95 岁以上	14	

资料来源：AustralianSuper, *Important Things to Know about TTR Income*, *Product Disclosure Statement*, https：//www. australiansuper. com/investments/your-investment-options/member-direct。

TTR 账户与 CI 账户的转换规定：在 60 岁以后更换工作或退休，需要通知 AS 将 TTR 账户更名为 CI 账户。当达到 65 岁时，TTR 账户将自动更名为 CI 账户。账户更换并不导致账户收费、支取、投资结构改变。TTR 账户没有缴费上限，但是当 TTR 账户转换为 CI 账户后，账户上限为 160 万澳元。

二　投资选择[①]

以下详细介绍 AS 提供的四种投资方式。

（一）智能默认

这是最容易的投资方式，把投资决策权留给 AS，但是任何时候会员都可以转换到其他投资选择。

① 资料来源：AustralianSuper, *Important Things to Know about Choice Income*, *Product Disclosure Statement*, https：//www. australiansuper. com/investments/your-investment-options/member-direct。

SD 将把超级年金转换成至少可以持续 20 年的定期收入，成员的支取和投资选择都由模型确定，并且委托给由投资专家组成的团队管理。

选择 SD 投资方式，意味着支取和投资都是事先确定的，包括以下内容：

1. 投资组合由 12%现金和 88%的平衡组合[①]构成；

2. 将每两周收到一次支付；

3. 每年收到账户余额的 6%，80 岁以后支取额度会提高，TTR 和 CI 账户的具体的最低支取比例规定一致（见表 9-3）。

表 9-3 每年最低支取比例规定（TTR 账户和 CI 账户）

单位：%

年龄	每年最低支取比例（相对于账户余额）
小于 80 岁	6
80~84 岁	7
85~89 岁	9
90~94 岁	11
95 岁以上	14

资料来源：AustralianSuper, *Important Things to Know about TTR Income*, *Product Disclosure Statement*, https://www.australiansuper.com/investments/your-investment-options/member-direct; AustralianSuper, *Important Things to Know about Choice Income*, *Product Disclosure Statement*, https://www.australiansuper.com/investments/your-investment-options/member-direct。

除了智能默认选择之外，其他投资方式都是自行选择，会员自行决定投资及支取安排。

对会员而言，在做出支取和投资安排前，需要考虑以下因素：

1. 每年需要多少钱；

① 关于平衡组合，下文有详细介绍。

2. 除了 CI 账户外，是否也有其他资金来源，例如，政府老年养老金[①]；

3. 退休收入需要持续多少年，在现有预期寿命和退休年龄下，一般而言，退休收入需要延续 20 年或以上。

在决定投资方式时，要综合考虑收入需求、投资目标、每种投资选择面临的风险。

决定支取安排时包括决定获得支付的频率以及支付的金额。在金额上，可以设定固定金额，也可以设定相对于账户余额的每年最低支取比例。当有额外需求时，可以增加支取金额。支付频率有以下选项：两周一次、一个月一次、三个月一次、一年两次。每年必须至少支取一次，且支取额不得低于账户余额的最低支取比例。AS 公布了具体的支取日历（见图 9-1）。

投资选择的改变。会员可以一天改变一次自己账户的投资选择（除了周末和国家公共假日外），而且不会因此产生额外费用。具体而言，在澳大利亚东部标准时间（AEST）/澳大利亚东部夏令时（AEDT）工作日下午 4 点前的申请，将在第二个工作日生效。新的投资选择将在下一个工作日体现在账户中。如果是在工作日下午 4 点以后或周末及公共假日申请，则生效日期将再增加一个工作日。AS 对于支取细节的规定非常细致。

AS 提供了三种自行选择的投资安排，根据会员参与程度由低到高依次为：预选组合、自选组合、会员直投。

（二）预选组合

AS 提供了六种预先确定的组合可供会员选择。每种组合包括多个资产类别，各组合拥有不同的风险和预期收入水平及投资期限。

---

① 政府老年养老金是澳大利亚政府对在一定收入水平以下以及达到一定条件的老年人的养老金支付。

1月

星期一	星期二	星期三	星期四	星期五	星期六	星期日
		1	2	3	4	5
6	7	8	9	10	11	12
13	14	15	16	17	18	19
20	21	22	23	24	25	26
27	28	29	30	31		

2月

星期一	星期二	星期三	星期四	星期五	星期六	星期日
					1	2
3	4	5	6	7	8	9
10	11	12	13	14	15	16
17	18	19	20	21	22	23
24	25	26	27	28	29	

3月

星期一	星期二	星期三	星期四	星期五	星期六	星期日
30*	31*					1
2	3	4	5	6	7	8
9	10	11	12	13	14	15
16	17	18	19	20	21	22
23	24	25	26	27	28	29

4月

星期一	星期二	星期三	星期四	星期五	星期六	星期日
		1	2	3	4	5
6	7	8	9	10	11	12
13	14	15	16	17	18	19
20	21	22	23	24	25	26
27	28	29	30			

5月

星期一	星期二	星期三	星期四	星期五	星期六	星期日
				1	2	3
4	5	6	7	8	9	10
11	12	13	14	15	16	17
18	19	20	21	22	23	24
25	26	27	28	29	30	31

6月

星期一	星期二	星期三	星期四	星期五	星期六	星期日
1	2	3	4	5	6	7
8	9	10	11	12	13	14
15	16	17	18	19	20	21
22	23	24	25	26	27	28
29	30					

■每两周支付日期
■每月支付的月中日期
■每月支付的月末日期
■国家公共假期

常用号码

澳大利亚超级年金	1300 300 273
澳大利亚联邦事务部	132 300
澳大利亚退伍军人事务部	133 254

图 9-1　2020 年上半年养老金发放日历

* 为方便排版调整。

资料来源：AustralianSuper, *Your Income Payments 2019/2020*, https://www.aus traliansuper.com/-/media/australian-super/files/tools-and-advice/forms-and-fact-sheets/retirement/forms/payment-calendar.pdf。

预选组合的可投大类资产分为以下 9 类。

1. 现金，包括银行票据，银行、澳大利亚政府及一些公司持有的短期债券货币市场证券。

2. 信用，信用是固定收益资产的一个子集，是独立于主权投资级组合的组合，包括由投资级及高收益级公司、政府代理机构、特殊目的机构 SPV、新兴市场政府发行的证券化债务，租金，收益权，混合债及贷款。

3. 固定收益（债券），指由政府、私人企业、银行发行的，在一定时期内按期支付利息收入的贷款、债券及证券化债务。

4. 基础设施，包括澳大利亚及海外的道路、机场、海港及供电、发电等基础公共设施和公共服务资产。

5. 私募股权，包括澳大利亚及海外的多行业、非上市公司股权。

6. 股票，包括澳大利亚及海外的公开市场交易的公司证券、股权。

7. 直接地产投资，包括直接持有居民楼、零售地产、工业地产、商业地产。

8. 上市地产投资，包括封闭式投资公司持有的、在股票市场上市、像普通股一样交易及与建筑物、土地、地产相关的证券。

9. 其他资产，包括特别的机会和战略投资，例如对股权、大宗商品、知识产权、租金及其他另类投资工具的战略投资。

6 种备选组合如下。

1. 高增长组合。主要投资于澳大利亚和国际股票；容忍短期波动，旨在获取较高的长期收益。投资目标是在中长期战胜年均 CPI+4.5%，击败增长基金的平均收益。最低投资期限为 12 年。风险控制在每 20 年里负收益的年份不多于 5 年。

2. 平衡组合。该组合是 AS 的默认投资组合，如果用户加入 AS 时没有做出投资选择，则自动投向该组合。组合投资多个资产类别；容忍短期波动，以实现中长期增长。投资目标是在中长期战胜年均 CPI+4%，在中长期击败平衡基金的平均收益。最低投资期限为 10 年。风险控制在每 20 年里负收益的年份不多于 5 年。

3. 社会责任组合。投资基于严格的 ESG 标准选择的股票和固定收益，以及其他资产类别；容忍短期波动，获取中长期收益。投资目标是在中长期战胜年均 CPI+4%，在中长期击败平衡基金的平均收益。最低投资期限为 10 年。风险控制在每 20 年里负收益的年份不多于 5 年。

社会责任组合的实际配置和目标配置区间与平衡组合完全一样。随着 ESG 的兴起，机构投资者越来越重视根据 ESG 标准来进行投资选择，这一趋势值得注意。

4. 指数多元化（Indexed Diversified）组合。使用指数策略，投资多种资产；容忍短期波动，获取中长期收益。投资目标是中长期实现年均 CPI+3%。最低投资期限为 10 年。风险控制在每 20 年里负收益的年份不多于 5 年。

5. 保守平衡组合。与平衡组合相比，更高比例配置在固定收益和现金；容忍一定程度的短期波动，获取中长期收益，在组合稳定和增长之间进行平衡。投资目标是中长期实现年均 CPI+2.5%。最低投资期限为 5 年。风险控制在每 20 年里负收益的年份不多于 4 年。

6. 稳健组合。对该组合而言，稳定比增长更为重要，集中投资于固定收益和现金；投资目标是中长期实现年均 CPI+1.5%。最低投资期限为 3 年。风险控制在每 20 年里负收益的年份不多于 3 年。

概括来看，备选组合的投资目标及投资风险特征如下。（1）投资目标用 CPI+来定义，上述组合的投资目标为从年均 CPI+1.5%到 CPI+4.5%，默认投资组合即平衡组合的投资目标为 CPI+4%。（2）投资目标越高的组合，投资锁定期越长，同时，风险容忍度越高。（3）风险用 20 年出现负收益的年份来定义，除保守平衡组合和稳健组合分别为 4 年和 3 年之外，其他组合均为 5 年。每种组合的资产配置和短中长期风险性质不同，表 9-4 归纳了 6 种组合的目标资产配置区间及 2019 年 9 月公布的实际配置值。①

AS 的预选组合的配置有如下特点。（1）目标配置区间非常宽泛，有些资产的配置在总组合中占比的区间为从完全为零到占总组合的一半，因此，投资其实有比较大的灵活性。例如，稳健组合中现金的目标配置区间为 0~50%。（2）指数多元化组合的配置比较特

① 战略配置随时间而变化，http://australiansuper.com/AssetAllocation 中有更新信息。

别，因为其以指数类产品为主，目标配置仅包括五大类资产，其中的上市地产投资类别在其他组合中都没有。(3) 在实际组合配置中，有些资产的实际配置为零，例如，高增长组合中固定收益的实际配置为零（目标区间为 0~20%），稳健组合中私募股权的实际配置为零（目标区间为 0~3%）。

表 9-4　AS 备选组合的资产配置情况

	高增长组合	平衡组合	社会责任组合	指数多元化组合	保守平衡组合	稳健组合
澳大利亚股票	28% (20%~50%)	22% (10~45%)	22% (10~45%)	28% (20%~50%)	15% (5~35%)	9% (0~20%)
国际股票	43% (20%~50%)	33% (10~45%)	33% (10~45%)	42% (20%~50%)	24% (5~35%)	13% (0~20%)
直接地产	6% (0~30%)	7% (0~30%)	7% (0~30%)		6% (0~25%)	6% (0~15%)
上市地产				0 (0~10%)		
基础设施	10% (0~30%)	13% (0~30%)	13% (0~30%)		10% (0~25%)	10% (0~20%)
私募股权	5% (0~10%)	5% (0~10%)	5% (0~10%)		2% (0~5%)	0 (0~3%)
信用	4% (0~20%)	5% (0~20%)	5% (0~20%)		4% (0~25%)	4% (0~25%)
固定收益	0 (0~20%)	12% (0~25%)	12% (0~25%)	17% (0~30%)	27% (0~40%)	32% (0~45%)
现金	4% (0~15%)	3% (0~20%)	3% (0~20%)	13% (0~30%)	12% (0~30%)	26% (0~50%)
其他资产	0 (0~5%)	0 (0~5%)	0 (0~5%)		0 (0~5%)	0 (0~5%)
投资目标	CPI+4.5%	CPI+4%	CPI+4%	CPI+3%	CPI+2.5%	CPI+1.5%

续表

	高增长组合	平衡组合	社会责任组合	指数多元化组合	保守平衡组合	稳健组合
投资期限	至少 12 年	至少 10 年	至少 10 年	至少 10 年	至少 5 年	至少 3 年
负收益频率	5 年/20 年	5 年/20 年	5 年/20 年	5 年/20 年	4 年/20 年	3 年/20 年
短期风险	高	高	高	高	中到高	中
中期风险	中	中	从中到高	中	从低到中	从低到中
长期风险	从低到中	低	从低到中	从低到中	低	从低到中

注：括号内为配置区间，括号外为 2019 年 9 月发布的产品说明手册里的实际配置值。

资料来源：AustralianSuper, *Important Things to Know about TTR Income*, *Product Disclosure Statement*, https://www.australiansuper.com/investments/your-investment-options/member-direct; AustralianSuper, *Important Things to Know about Choice Income*, *Product Disclosure Statement*, https://www.australiansuper.com/investments/your-investment-options/member-direct。

（三）自选组合

会员在 AS 的可投大类资产之间进行选择，配置成组合，由 AS 对组合进行管理。

这一安排下可以选择的资产类别如下。

1. 澳大利亚股票。投资澳大利亚的上市和非上市股权，也将一小部分份额投向新西兰公司。容忍短期波动，获取强劲的长期收益。投资目标是在中长期战胜 S&P/ASX300 Accumulation Index。最低投资期限为 12 年。

2. 国际股票。投资全球股票交易所上市的股票，容忍短期波动，获取长期强劲回报。投资目标是在中长期战胜 MSCI World All Countries (ex Australia) Unhedged Index。最低投资期限为 10 年。

3. 房地产。投资澳大利亚及海外地产，包括购物中心和商业写字楼，旨在以低于股票的波动性，在中长期获取强劲回报。投资目标是战胜年均 CPI+3%，在中长期战胜澳大利亚和国际地产指数（Australian and International Property Indices）费前收益。最低投资期限为 5 年。

4. 多元化固定利率。投资范围是澳大利亚和国际债券和贷款，对固定利率和信用类资产进行主动投资，目标是本金安全并且在中短期获取高于现金的收益。投资目标是在中短期战胜年均 CPI+0.5%。最低投资期限为 3 年。

5. 现金。投资短期货币市场证券和短期债券，获取高于官方现金利率的稳定收益。投资目标是每年战胜 Bloomberg Ausbond Bank Bill Index，战胜用 CPI 衡量的年度通胀率。最低投资期限为 1 年。

上述可投资的"单类资产"都留有 0~10%的现金配置。这几类资产的投资期限、风险特征具体见表 9-5。

表 9-5　自选组合投资安排下的可投资资产类别的投资期限及风险特征

	澳大利亚股票	国际股票	房地产	多元化固定利率	现金
最低投资期限	12 年	10 年	5 年	3 年	1 年
负收益频率	6 年/20 年	6 年/20 年	4 年/20 年	2 年/20 年	没有
短期风险	非常高	非常高	高	中	非常低
中期风险	中	中	中到高	高	从中到高
长期风险	从低到中	从低到中	从低到中	非常高	非常高

资料来源：AustralianSuper, *Important Things to Know about Choice Income*, *Product Disclosure Statement*, https://www.australiansuper.com/investments/your-investment-options/member-direct。

（四）会员直投

在会员直投选项下，会员可以直接投资以下类别资产。

1. S&P/ASX 300 指数的成分股。

2. 可选的 ETF。获取以特定指数为代表的市场收益。

3. 可选的上市投资公司（LICs）。投向上市交易的、有主动管理策略的基金，获取完全免税股息以及中长期本金增长。

4. 定期存单。投向由不同发行人发行的、不同利率和期限的定期存单，在一定期间获取固定利率回报。

5. 现金。获取由现金工具提供的有竞争力的利率。

对于 ETF、LICs、定期存单，AS 都有一个可选清单①。这意味着不是所有的 ETF、LICs、定期存单都在会员可投范围内。AS 通过限制投资范围，在一定程度上提前限制了风险。

该项投资安排的特点如下。(1) 可以进行实时交易，提供大量市场信息、独立研究和投资工具，帮助会员做出投资决策和管理账户。(2) 可以在在线平台实时管理投资。(3) 任何时间通过登录 MD 在线平台查看收入支付储备②，如果账户余额少于收入支付储备，则会员不能再向 MD 账户转入资金或投资到定期存单 TD。MD 交易频率、投资限制及风险特征见表 9-6。

表 9-6　会员直投（MD）交易频率、投资限制及风险特征

	股票、ETF、LICs	定期存单	现金
交易频率	在 ASX 的任何交易时间	每周	每天
投资限制	任何时间，必须保持 AS 其他投资选择的规定最小额度，保持 MD 现金账户存有 400 澳元		
	(1)所有 AS 账户投向该类投资的比例最高为 80%；(2)投向单只股票、ETF、LICs 的额度不能超过超级年金账户余额的 20%；(3)最低购买指令为 1500 澳元；(4)最高购买指令为 25 万澳元；(5)没有卖出限额	(1)最低投资额为 2000 澳元；(2)最大单个定期存单额度为 500 万澳元	最低账户余额为 400 澳元

① 详细清单可以查看 https://www.australiansuper.com/investments/your-investment-options/member-direct。

② 收入支付储备（Income Payment Reserve）是指在 MD 账户之外，在 AS 投资选项中必须保留的最低金额，以覆盖基于政府最低老年支付金额的 13 个月的收入支付。

续表

	股票、ETF、LICs	定期存单	现金
短期风险(小于5年)	非常高	非常低	非常低
中期风险(5~20年)	从中到高	从中到高	从中到高
长期风险(大于20年)	从中到高	非常高	非常高
负收益频率	6年/20年	没有	没有

资料来源：AustralianSuper, *Important Things to Know about Choice Income*, *Product Disclosure Statement*, https://www.australiansuper.com/investments/your-investment-options/member-direct。

自己操盘并不适合每个人，而且风险很高。这项安排需要会员深谙投资和市场，可以管理自己的投资。TTR账户中，未纳入会员直投这一投资选择。AS对于会员直投提出了较高的申请门槛。具体申请条件如下。(1) CI账户必须有至少5万澳元。(2) 超级年金账户必须有至少1万澳元。(3) 如果会员既有超级年金账户，又有CI账户，则只能有其中之一可以选择MD投资安排。(4) 当从MD账户转到CI账户，且申请了无缝对接（ST）[①] 时，则MD账户的资产可以转移到CI账户。(5) 任何时间至少在现金账户有400澳元。(6) 会员必须至少有1万澳元或收入支付储备（以更高的一个为准）投资到PreMixed或DIYMix中的至少一个。收入支付将从MD账户之外的其他账户进行扣减。(7) 对于股票、ETF、LICs及定期存单的投资有限制。(8) 当开始MD投资后，会员的CI账户必须有至少3万澳元；当总账户余额少于3万澳元时，会员将不得不退出MD投资安排。

随着时间推移，会员将不得不将MD现金账户的资金转向其他投资，以资助将来的收入支付。这意味着会员可能不得不卖掉MD账户的资产。

① 无缝对接（Seamless Transfer）是指在从Super账户向CI账户转移时，在提交了无缝对接申请后，会员在MD账户安排下的投资将完全转移，不会引发缴税及经纪费用。

MD 投资的缴款先进入现金账户，其类似于一个在线银行账户，获取有竞争力的利率。可从 AS 的其他账户向 MD 账户转入资金以进行投资，也可以从 MD 的现金账户转回其他 AS 投资选择。

三　费用收取

投资业绩及费用和成本的微小差别在长期内会导致收益的显著差别。例如，如果年度总费用和成本占账户余额的 2%而不是 1%，则将导致 30 年投资收益相差 20%以上。AS 的宣传重点之一是低成本。AS 的收费低于年金账户的平均收费水平（见图 9-2）。

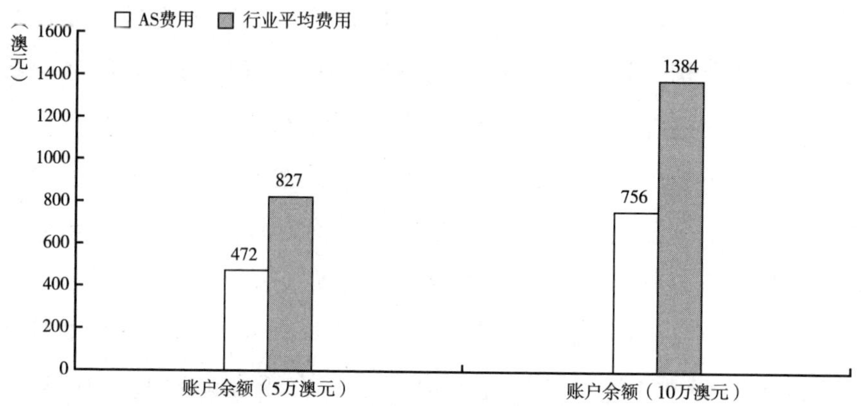

图 9-2　AS 费用和行业平均费用情况

资料来源：AS 官网。

以下详述收费构成及收费方式。

投资费用。投资费用由三部分构成，分别是投资管理费、投资表现费、交易及运作费（每种组合和产品的投资费用不同，TTR 各组合及产品的投资费用详见表 9-7，CI 账户的收费基本与 TTR 账户一样，不同仅在于高增长组合中的投资表现费率为 0.10%，低于 TTR 账户的 0.11%。）。以平衡组合为例，投资费用为账户金额的 0.6%，假设投资到平衡组合中 5 万澳元，此项费用将为 300 澳元。

每年 6 月 30 日，在投资收益划拨到会员账户之前，从税前投资收益中扣减（如果关闭账户则扣减时间会早些）。

行政费用。行政费用包括两部分。一是账户保管费，每周为 2.25 澳元。每周计算一次，每月从账户中扣除，不论账户金额多少，该项费用每年都为 117 澳元。二是基于资产规模的行政费，收取账户余额的 0.11%，例如，5 万澳元的投资的该项费用为 55 澳元。基于资产规模的行政费用每月基于账户余额计算和扣除；该项费用年度上限为 750 澳元，一旦账户扣除的该项费用达到上限，则财政年度余下时间的该项费用为 0。对于大额账户，按照最高限额 750 澳元在财政年度末扣减。对于 5 万澳元的投资，每年将被扣除的投资费用和行政费用总计为 472 澳元（以平衡组合为基础计算）。所有行政费用将进入 AS 基金的行政储备，基金从该储备中支出行政成本。

咨询费。通过电话进行的咨询费为 0～295 澳元。面对面咨询费更高，会从会员账户中扣除。

AS 不收取买卖差价、账户转换费、其他费用和成本以及非直接成本[①]。

表 9-7　TTR 账户预选组合和自选组合两种投资选择下的投资费用

单位：%

		投资管理费	投资表现费	交易及运作费	总计
预选组合	高增长组合	0.40	0.11	0.09	0.60
	平衡组合	0.42	0.09	0.09	0.60
	社会责任组合	0.52	0.11	0.11	0.74
	指数多元化组合	0.10	0.00	0.04	0.14
	保守平衡组合	0.35	0.05	0.07	0.47
	稳健组合	0.30	0.01	0.06	0.37

① AS 对一些账户也收取额外费用，详细说明参见 PDS CI。

续表

		投资管理费	投资表现费	交易及运作费	总计
自选组合	澳大利亚股票	0.21	0.00	0.06	0.27
	国际股票	0.39	-0.03	0.10	0.46
	房地产	0.64	0.00	0.34	0.98
	多元化固定利率	0.36	0.01	0.03	0.40
	现金	0.04	0.00	0.00	0.04

资料来源：AustralianSuper，*Important Things to Know about TTR Income*，*Product Disclosure Statement*，https://www.australiansuper.com/investments/your-investment-options/member-direct。

会员直投安排下的收费与其他安排不同，体现在：（1）MD 现金账户费用相当于现金账户余额的 0.12%；（2）组合管理费为固定金额费用，对于现金账户而言为 0，对于定期存单为每年 150 澳元，对于股票、ETF、LICs 的收费为每年 395 澳元。

对于任何一项费用提高，AS 将至少提前 30 天通知会员。

四 税收安排

（一）在缴纳环节的征税[①]

政府规定了超级年金账户的缴费上限，超过上限，需要额外缴税。由于缴纳类型不同，缴纳上限和税率不同，具体如下。

1. 税前缴纳（又称“可减让缴纳”，Concessional Contribution）[②]，包括雇主缴纳（超级年金保障，Superannuation Guarantee，SG，澳大

① Super Contribution Limits，Tax and Super，AS 官网。

② 可减让缴纳可以获得“可减让”税收安排，这意味着这部分缴纳是税前的，将以特别低的税率 15%进行纳税（如果会员的年收入少于 25 万澳元），这一税率对很多会员来说低于其收入对应的边际税率。“Concessional Super Contributions Guide（2022-23），” https://www.superguide.com.au/boost-your-superannuation/super-concessional-contributions-survival-guide.

利亚政府正逐渐提高 SG 缴费率，见表 9－8）、雇员工资缴纳[①]（Salary Sacrifice Contribution）、雇员额外的可税收抵减的缴纳。

表 9-8　澳大利亚政府逐年提高超级年金保障缴费的具体时间

单位：%

时间节点	缴费率提高值
现在	9.5
2021 年 7 月 1 日	10
2022 年 7 月	10.5
2023 年 7 月	11
2024 年 7 月	11.5
2025 年 7 月	12

资料来源：*AustrlianSuper 2018-2019 Annual Report*。

税前缴纳不能超过 2.5 万澳元。如果每年收入低于 25 万澳元，则税率为 15%。如果调整后的应税收入（包括税前缴纳）超过每年 25 万澳元，则税前缴费税率为 30%。如果收入低于每年 25 万澳元，但是加入税前缴纳的金额超过 25 万澳元，则税前缴纳中高于 25 万澳元的部分将适用 30%的税率。举例来说，如果收入是 23 万澳元，税前缴纳是 2.5 万澳元，则对 5000 澳元征收 30%的税。任何超过 2.5 万澳元的缴纳将按会员的边际税率纳税，减去 15%税收抵消（因为这部分已经纳税），再加上利率费用。会员可以选择取出最高 85%的额外缴纳，这不会计入税后缴纳上限中。任何没有提取的超额税前缴纳将计入税后缴纳上限中。

① 工资缴纳（Salary Sacrifice）是指会员与雇主协议将一部分工资直接打到超级年金账户，而不是银行账户，这意味着用税前工资向超级年金账户进行缴纳。益处在于：这部分进入超级年金账户的资金的税率为 15%（年收入少于 25 万澳元）或 30%（年收入超过 25 万澳元），相比之下，普通工资的税率最高可达 47%。同时，超级年金账户的税率最高为 15%，低于超级年金账户之外的边际税率（最高为 47%）。详见 "Salary Sacrifice and Super：How Does It Work?" https：//www.superguide.com.au/boost-your-superannuation/salary-sacrifi cing-super-facts。

用雇员工资缴纳举例。某会员的年龄为45岁，年收入为8万澳元。如果通过工资缴纳将6000澳元缴纳到超级年金账户，则会获得1170澳元的税后收益，同时在超级年金账户中增加了储蓄。表9-9按9.5%计算雇主的超级年金保障缴纳情况。

表9-9 工资缴纳分析

单位：澳元

	没有工资缴纳情况	工资缴纳情况
工资总额	85000	85000
雇主SG缴纳(80000×9.5%)	8075	8075
工资	76925	76925
工资缴纳	0	6000
应税收入	76925	70925
收入税(包括医保费2%)	18086	16016
税后收入	58839	54909
超级年金缴纳(SG+工资缴纳)	8075	14075
超级年金缴税(15%)	1211	2111
税后超级年金	6864	11964
税后收入+税后超级年金	65703	66873
税后获益		1170

资料来源：AS官网。

2. 税后缴纳（又称"不可减让缴纳"[①]，Non-concessional Contribution），主要包括配偶缴纳、雇员税后不可抵减的个人缴纳。会员必须提交税号（Tax File Number），AS才能接受税后缴纳。如果会员在超级年金账户中的余额不超过160万澳元，则可以进行税后缴

① 不可减让缴纳指将税后收入或超级年金体系以外的资金向超级年金账户进行缴纳，由于这部分缴纳在进入超级年金账户之前，已经按照正常税率进行纳税，因此不再以可减让税收进行对待。"Non-concessional Super Contributions Guide (2022 - 23)," https://www.superguide.com.au/boost-your-superannuation/your-guide-to-non-concessional-after-tax-contributions.

纳。税后缴纳上限为每年 10 万澳元（或者符合一定条件的情况下，3 年缴纳上限为 30 万澳元。3 年时间为从第 1 次税后缴纳超过 10 万澳元的那年开始）。在此上限之前，免税。超过此上限，税率将达到 47%，除非会员要求取出上限之下的缴纳费用。相关的投资收益的提取按照会员边际税率征税，会员也将享有相关收益 15%不可返还的税收抵消。如果会员不提取额外的税后缴纳，则这些金额将保留在账户，并被征收 47%的税。

3. 政府共同缴纳[①]，免税。会员收入需要低于每年 53564 澳元，政府共同缴纳将进入会员的税后缴纳中。政府共同缴纳部分在进入超级年金账户或从超级年金账户提取时都不纳税。

4. 低收入超级年金税收抵消。如果会员收入低于每年 3.7 万澳元，则政府将返还会员自己和雇主税前总缴纳的 15%，返还上限为每年 500 澳元。返还金额将由澳大利亚税务局（ATO）自动计算，并且在会员递交报税表后，存入会员超级年金账户。

从 2019 年 7 月 1 日起，会员可以将最近 5 个财年的可减让缴纳上限的未使用部分携带到未来年份。如果在上一财年 6 月 30 日时，超级年金账户总余额低于 50 万澳元（包括在 AS 的账户以及其他在会员名下的超级年金账户），从 2018~2019 财年开始，未使用的可减让额度可以携带至未来年度。例如，如果会员在 2018~2019 财年的可减让缴纳总额为 1.5 万澳元，则可以将余下的 1 万澳元额度携带至 2019~2020 财年，这意味着 2019~2020 财年可以缴纳的上限为 3.5 万澳元。

非减让缴纳携带规定如下。（1）2019 年 6 月 30 日前超级年金总额低于 140 万澳元，第一年非减让的缴纳上限为 30 万澳元，可以携带 3 年。（2）总额为 140 万~150 万澳元，第一年非减让的缴纳上限为 20

---

① 政府为符合一定条件的会员提供最高 500 澳元的缴纳优惠。“How a Government Co-contribution Can Help Boost Your Super Savings,” https://www.superguide.com.au/boost-your-superannuation/cashing-in-on-the-co-contribution-rules.

万澳元，可以携带 2 年。(3) 总额为 150 万~160 万澳元，第一年非减让的缴纳上限为 10 万澳元，不可携带，适用非减让缴纳上限。(4) 总额高于 160 万澳元，没有非减让缴纳，且没有可携带期。

（二）对投资收益和提取的征税

超级年金账户中的投资收益需要纳税。最高税率为 15%。在确定最终投资收益之前，从投资收益中扣减税收。对于 CI 账户的收益不扣税，在会员使用 TTR 策略的情况下征收最高 15%的税。

收入提取征税情况根据年龄而不同。(1) 如果年龄超过 60 岁，则退休收入（包括任何一次性支取）一般而言是免税的，当递交报税表时，不必作为应税收入来申报。(2) 如果年龄不到 60 岁，则收入支付和一次性支取都可能需要纳税，当递交报税表时，需要申报为应税收入。所有超级年金余额可以分为两部分：纳税和免税。超级年金账户中的任何免税部分也将在 CI 账户中继续免税，AS 将在每年计算每一笔支付中的免税部分。

免税部分包括：税后缴纳的部分、政府缴纳的部分。纳税部分如下：税前缴纳的部分，包括雇主超级年金保障的支付和工资额外缴纳部分；任何已经申报税收抵减的个人缴费；投资收益。

养老金支付将按照边际收入税率征税，再加上医保缴费①(Medicarelevy)，减去 15%的税收抵消。如果满足以下条件，则任何应税退休收入都可以获得 15%的税收抵消：一是年龄为最小领取年龄（到 59 岁），二是提交了税号。

关于一次性提取，如果符合一次性提取的要求，则最初的 21 万澳元免税，余额将按照 15%的税率再加上医保缴费征收。如果年龄小于最低领取年龄，则可能需要增加缴税金额。对 TTR 账户而言，除规定的特定用途外，一般情况下不允许一次性提取。

---

① Medicare 为澳大利亚国民提供医疗保障，部分资金来自纳税人缴纳的税收收入的 2%。

五　投资业绩

从2019年财报来看，在CI账户的组合收益中，年度收益最高的组合为指数多元化组合，年度收益率为9.75%；其次为高增长组合，年度收益率为9.62%；平衡组合为AS中规模最大的组合，其2019财年的收益率为9.47%；保守平衡、社会责任组合次之；稳健组合收益率最低，为7.63%；10年收益最高的组合为高增长组合，年均收益率为11.58%；社会责任组合次之，10年年均收益率为10.96%；平衡组合的10年年均收益率为10.90%；保守平衡组合与稳健组合年均收益率依次为9.66%和8.18%（见表9-10），Super/TTR账户的投资组合收益情况见表9-11。组合间的短期收益差异主要来自市场波动；长期收益差异主要来自资产配置，从投资业绩来看，容忍更高风险的组合往往获取更高收益。

表9-10　CI账户的投资收益和基准

单位：%

	10年基准	10年收益	5年基准	5年收益	3年基准	3年收益	1年基准	1年收益
平衡组合	9.57	10.90	8.41	10.43	9.53	11.68	7.95	9.47
高增长组合	10.38	11.58	9.56	11.25	11.01	12.67	8.14	9.62
社会责任组合	9.57	10.96	8.41	9.57	9.5	11.09	7.95	8.25
指数多元化组合			5.13	8.52	5.20	10.17	4.59	9.75
保守平衡组合	8.35	9.66	7.10	8.81	7.71	9.44	7.29	8.60
稳健组合	6.85	8.18	5.48	7.29	5.70	7.48	6.33	7.63
澳大利亚股票	10.44	11.83	9.93	10.45	14.34	13.58	12.92	12.18
国际股票	11.76	12.50	12.75	13.83	13.87	14.90	11.32	11.80
房地产	9.87	8.30	11.31	9.30	10.84	8.01	7.31	5.04

续表

	10年基准	10年收益	5年基准	5年收益	3年基准	3年收益	1年基准	1年收益
多元化固定利率	2.94	7.30	2.23	4.95	2.37	4.63	2.09	5.75
现金	2.99	3.37	2.08	2.46	1.86	2.28	1.97	2.38

资料来源：AS官网。

表9-11 Super/TTR账户的投资收益和基准

单位：%

	10年基准	10年收益	5年基准	5年收益	3年基准	3年收益	1年基准	1年收益
平衡组合	8.60	9.76	7.71	9.48	8.73	10.72	6.93	8.67
高增长组合	9.29	10.38	8.47	10.19	9.95	11.61	7.41	8.7
社会责任组合	8.60	9.67	7.71	8.51	8.73	9.99	6.93	7.36
指数多元化组合	n/a	n/a	5.13	7.48	5.20	8.94	4.59	8.74
保守平衡组合	7.18	8.59	6.23	7.75	6.90	8.35	6.51	7.64
稳健组合	6.06	7.17	4.85	6.41	5.02	6.62	5.28	6.67
澳大利亚股票	9.97	10.50	9.19	9.47	12.65	12.38	11.42	10.8
国际股票	10.47	11.15	11.35	12.51	12.34	13.62	10.13	10.98
房地产	8.62	7.28	9.87	8.32	9.50	7.19	6.53	4.67
多元化固定利率	2.94	6.32	2.23	4.30	2.37	3.94	2.09	4.90
现金	2.56	2.91	1.77	2.09	1.58	1.93	1.68	2.02

资料来源：AS官网。

从CI账户的可投资产来看，年度收益最高的是澳大利亚股票，年度收益率为12.18%；其次为国际股票，年度收益率为11.80%；多元化固定利率、房地产次之；现金收益最低，年度收益率为2.38%。从10年期来看，国际股票收益最高，年均收益率为12.50%；其次为澳大利亚股票，年均收益率为11.83%；房地产、多元化固定利率次之；现金的年均收益率最低，为3.37%（见表9-10）。

从超额收益来看，CI 和 Super/TTR 的各类可投资产的超额收益中，多元化固定利率在 1 年、3 年、5 年、10 年都最高且为正值，国际股票超过基准，澳大利亚股票在 1 年和 3 年不及基准，在 5 年和 10 年超过基准，房地产则是各年都不及基准（见图 9-3、图 9-4）。与投资基准（具体投资基准见表 9-12）相比，CI 和 Super/TTR 的各个组合的投资收益均超越基准，1 年、3 年、5 年、10 年的实际投资业绩都高于投资基准，其中指数多元化组合超额收益最高（见图 9-5、图 9-6）。

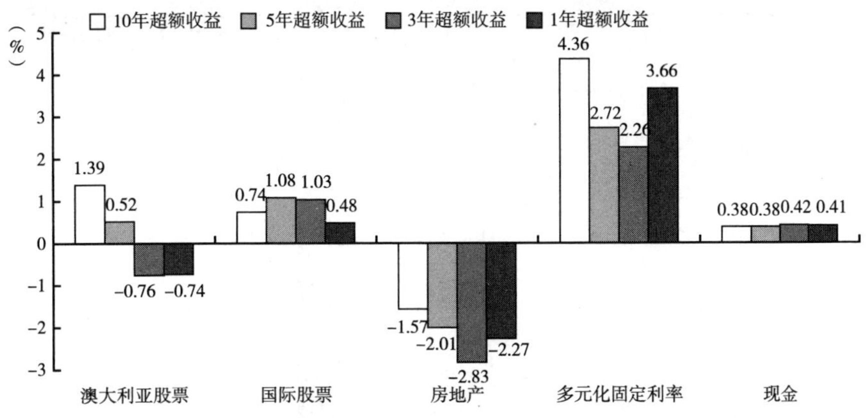

图 9-3　CI 账户各资产超额收益

资料来源：AS 官网。

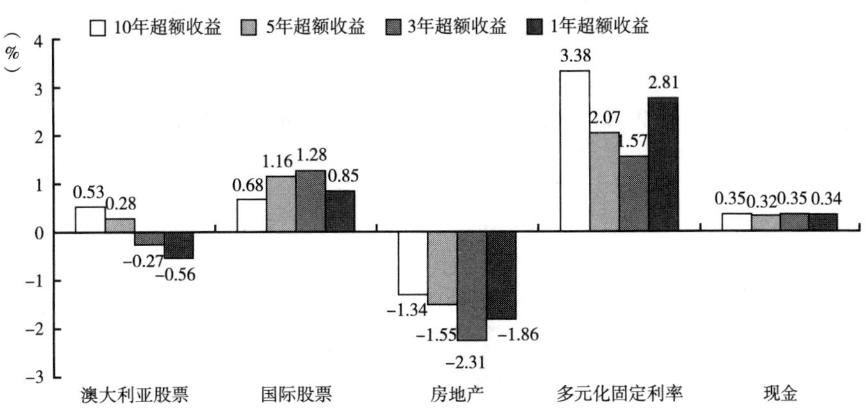

图 9-4　Super/TTR 账户各资产超额收益

资料来源：AS 官网。

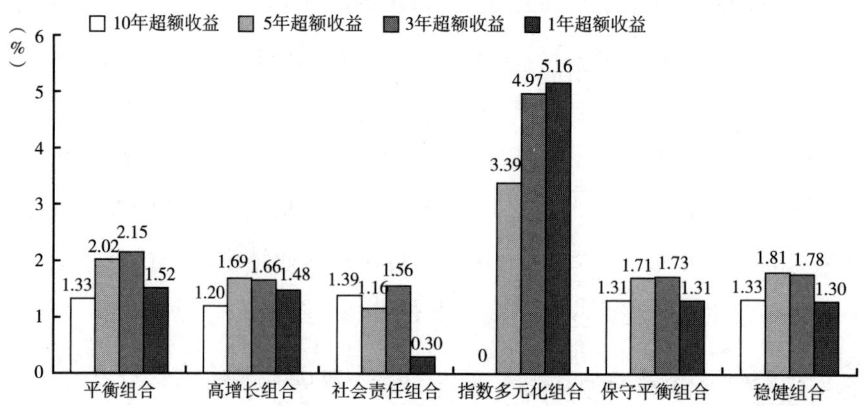

图 9-5　CI 账户各组合超额收益

资料来源：AS 官网。

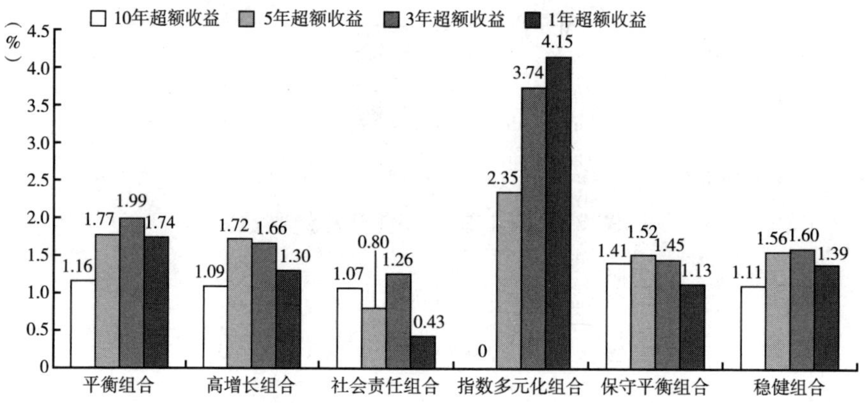

图 9-6　Super/TTR 账户各组合超额收益

资料来源：AS 官网。

从 AS 的不同账户来看，CI 和 Super/TTR 账户的“同名”组合收益也存在差异，CI 账户比 Super/TTR 账户的收益普遍要高。投资收益都是扣除投资费用和税收以后得出的。投资收益的差别主要在于税收和费用的差异。（1）对于 CI 账户的收益不扣税，而对于 TTR 和 Super 账户的投资收益最高纳税 15%。（2）对于高增长组合，收益的差别也来自费用，TTR 账户的高增长组合的投资表现费率为 0.11%，而 CI 账户的相应费率为 0.10%。

表 9-12　投资基准

基准	具体内容
1. 超级年金组合的投资基准（包括 TTR 账户和 CI 账户）	高增长组合-SR50 Growth(77-90) Index
	平衡组合-SR50 Balanced(60-70) Index
	社会责任组合-SR50 Balanced(60-70) Index
	指数多元化组合-Annual CPI +3%(2018 年 7 月 1 日前基准为 CPI +3.5%,2015 年 7 月 1 日前基准为 CPI +4%)
	保守平衡组合-SR25 Conservative Balanced(41-59) Index
	稳健组合-SR50 Capital Stable(20-40) Index
2. 单个资产的投资基准（基础指数都相同，TTR/Super 账户调整税收，CI 账户调整税收抵免）	澳大利亚股票-S&P/ASX300 Accumulation Index adjusted for tax
	国际股票-MSCI AC World ex Australia(in $A) Index adjusted for tax
	房地产-Composite of MSCI/Mercer Australia Core Wholesale Monthly Property Fund Index(60%), MSCI/AREF UK Quarterly Property Fund Index(20%)对冲为澳元,NCREIF Fund Index-Open End Diversified Core Equity(20%)对冲为澳元,投资总支出经税收调态
	多元化固定利率-CPI +0.5%
	现金-Bloomberg AusBond Bank Bill Index 经税收调态

资料来源：AS 官网。

六　启示与借鉴

AS 产品设计的特点及启示如下。

1. AS 为单个投资者设定组合产品，并根据不同年龄段会员的诉求开设不同账户，包括 Super、TTR、CI 账户。而且会员在账户之间转换便利，三个账户之间转换是没有费用的。

2. AS 的投资范围是全谱系的，从大类来看，既包括公开市场股、债，也包括另类投资。从投资区域来看，澳大利亚和国际都有，从股票的配置来看，所有组合的国际股票配置比例都高于澳大利亚国内股票配置比例。

3. 从投资组合来看，AS 给予会员选择权利。会员可以根据自己的投资能力，决定对自己账户投资的参与程度。比如，AS 提供了四种投资安排，“智能默认”全部交给 AS 来决定投资和支取安排，“预选组合”在预定的投资组合之间进行选择，“自选组合”在 AS 提供的大类商品之间自行构建组合，此外还有对会员投资能力要求比较高的“会员直投”。根据会员画像，帮助会员认购合适的配置和支取模式的组合。

4. 从配置来看，在高增长组合、平衡组合、社会责任组合中，配在债和现金上的比例为 10%～20%，高比例配在股和另类资产上。保守平衡组合、稳健组合配在债和现金上的比例为 40%～60%，以满足不同会员的不同风险容忍度。

5. AS 的费用在同业中具有优势。AS 收取的行政费用仅相当于同业费用的 50%～54%，这对其管理的养老基金的长期收益有积极贡献。在不同账户之间的收费略有差别，对完全退休后的 CI 账户收取的投资表现费就低于对 TTR 账户的收费。

此外，非常重要的是澳大利亚养老金制度健全，税收、缴纳规定很细致，鼓励养老缴纳合理积累、养老金支取节奏合理。

第十章　结　语

第一节　国际大型机构投资者的主要经验

一　投资端管理经验

从国际上运作相对成熟、在全球资本市场规模较大、比较有影响、资产配置模式具有代表性、信息相对透明的机构资产所有者来看，获得良好的投资业绩主要归功于长期投资、多元化投资、资产配置模式与投资方式选择、风险管理、薪酬激励、公司治理等方面。

一是发挥长期投资优势，重视权益类资产带来的经济增长红利。从资产配置方案来看，机构投资者普遍配置较高比例的权益类资产。加拿大 CPPI 的股票配置比例达 85%，挪威 GPFG 的配置比例约为 70%，新加坡 GIC 约为 65%；美国公共养老金整体平均约为 60%，日本 GPIF 约为 50%；马来西亚雇员公积金（Employees Provident Fund Board，EPF）约为 40%。[①] 由于权益类资产价格波动较大，提高配置比例将使基金总组合可能面临净值回撤等短期冲击，但作为

① 本章 GPFG、CPPI、NZSF、ATP 几家机构的内容总结自本书正文内容，其他机构内容来自各机构年报，如下：GIC，GIC Annual Report 2021/22 Investment Report，https：//report. gic. com. sg/investment-report. html#the-gic-portfolio；GPIF，Annual Report Fiscal Year 2021，https：//www. gpif. go. jp/en/performance/annual_ report_ fiscal_ year_ 2021. pdf；EPF，Integrated Annual Report 2021，https：//www. kwsp. gov. my/documents/20126/c092867c-a4bb-5e9a-2269-c41e0069df6a。

长期投资者，各机构充分运用自身久期较长的结构性优势和较完善的风险管理体系，更加关注权益类资产在长周期视角下提供的有关人类社会发展的财务红利而非短期价格波动。此外，对于养老基金而言，其作为“长钱”入市，有条件、有需要纪律性开展逆周期再平衡交易，在股市大幅振荡环境下，既使自身获取波动率带来的超额收益，也起到平抑市场异常波动的稳定器作用，在资本市场制度较为完善的情况下，使养老金在资本市场发挥积极支撑作用。美国部分公共养老金计划在低买高卖的再平衡原则之上，叠加期权等衍生品来丰富再平衡操作的维度，以增加收益。

二是强调全球多元化投资，分享全球发展红利，对冲本国劳动收入下滑风险。从机构投资者的地域配置来看，普遍有较高比例的境外资产配置。挪威 GPFG 全部于挪威境外开展投资（主要原因为吸取历史上荷兰的教训，避免输入性通胀），新加坡 GIC 境外资产占比超过 90%，加拿大 CPPI、新西兰 NZSF 的占比超过 80%，丹麦 ATP 的占比超过 70%，日本 GPIF 的境外资产目标配置比例由 2006 年的 17%上升至 2021 年的 50%，马来西亚 EPF 境外资产占比由 2010 年的 27%提升至 2021 年的 37%。积极开展境外投资的意义在于通过境外股权、债权等金融工具分享其他地区的经济增长所带来的资本收入，对冲本地区劳动收入下滑风险，提高国家层面总收入水平的稳定性。CPPI 在全球范围内招募专业化、市场化人才，在美洲、亚太地区、欧洲均有办公场所，以发掘全球范围内的投资机会。

三是在资产配置模式与投资方式选择方面，各机构投资者因时制宜。加拿大 CPPI、挪威 GPFG、新西兰 NZSF 等机构采用参考组合模式开展资产配置。参考组合把公开市场股票、债券作为基础资产，锚定了整体组合的收益目标和风险目标，同时，这也是投资收益考核与薪酬激励的基准。丹麦 ATP 的绩效组合则在权益、利率、通胀等因子层面进行资产配置。还有一些机构采用捐赠基金模式，通过配置公开市场股票、债券、地产、私募股权等大类资产，并设置不同资产类别的配置区间，开展投资管理。在自营与委托的选择上，各机构把自身投资能力和成本作为决策依据。挪威 GPFG 认为在公开市场自营投资可以降低运营成本，因此全部以自营方式开展公开市场投资。不少机构在一级市场采取全部委托或是委托与自营相结合的方式，一方面委托投资的管理费可能低于自身组建专业团队的成本；另一方面通过与外部管理机构合作，建立知识转移机制从而培养内部团队的投资能力。在积极管理与被动投资的选择上，机构投资者根据基金规模、投资能力与投资回报目标等因素进行决策。一般而言，规模越大，通过主动投资获取超额收益的可能性与收益空间越小，挪威 GPFG 整体规模逾万亿美元，在很多市场上都很难获得市场贝塔收益以外的超额收益，因此，其主要采用指数化的被动投资方式。而 CPPI 则采取主动投资方式，并在全球范围以市场化方式建立专业团队，更好理解与运用区域市场特征，获取超额收益。近十年，CPPI 主动投资所获取的超额回报达到净投资回报的 1/10，成为基金规模迅速增长的重要贡献因素。日本 GPIF 由于在历史上的投资收益目标相对其他同类机构较低（仅以 1.7%实际收益率作为目标），因此，其在投资过程中以被动投资跟踪指数为主，主动投资较少。

四是在风险管理上，机构投资者一般将风险分为投资与市场风险、运营风险、合规与监管风险、信用风险等大类，普遍建立三道防线的风险管理制度。以新加坡 GIC 的做法为例[①]，第一道防线是日常业务操作层面，强调每位员工和每个部门都是风险管理的基石，实现各岗位、各部门之间相互复核、监督和制约；第二道防线是专门的风险管理部门，风险管理部门对各业务及支持部门进行全面的事前、事中、事后的风险监督与合规检查；第三道防线是内部审计层面，对内部控制的健全性、执行的有效性和系统的安全性进行独

① GIC, Risk Management, https://www.gic.com.sg/how-we-invest/risk-management/.

立评估和风险监测。此外，对于有偿付义务的养老基金而言，也需要额外重视增强养老金的充足性和流动性的措施，防范资产积累不足及短期支付风险。例如，丹麦 ATP 特别强调人均余寿延长的风险，建立模型测算，适时调整投资端配置。日本 GPIF 则在风险管理准则中明确提出通过长期投资获取稳定回报、保留高流动性资产应对短期支付要求。

五是在薪酬激励方面，机构投资者普遍采取固定薪酬加可变薪酬的薪酬激励结构。以加拿大 CPPI 为例，CPPI 固定薪酬对标同业机构，包括加拿大其他养老基金公司、加拿大公募资管机构、北美投资公司等，以保持薪酬竞争力。CPPI 可变薪酬采取一系列“风险共担措施”，一是递延部分奖金，越是高层雇员，这一比例越高，递延部分视同投资到基金中，随基金波动而波动；二是总组合表现占可变薪酬的 30%（部门/个人表现占另外 70%），总组合表现包括总组合的绝对收益和相对于参考组合的超额收益两个等权重部分，总组合又以 5 年业绩为周期衡量，既使雇员薪酬与组织目标结合，又体现长期投资导向；三是设置召回制度，董事会有权力召回或调整所有形式的可变薪酬。CPPI 通过薪酬激励制度，体现“吸引和留住顶级投资管理人才、基于表现支付薪酬、雇员利益与养老计划参与者利益一致”三大薪酬激励原则。在薪酬受限的情况下，基金往往更强调非财务吸引力，如精神激励、公共服务等。

六是在公司治理方面，多数机构投资者在资产管理层面，采取公司化运作方式，设置董事会或监事会架构，负责基金层面的重大决策事项。董事会、监事会人员或是由能体现各方利益的代表构成，但是存在董事会/理事会成员技术、经验不足的问题，国外业界认可的做法是建立董事会/监事会成员技术、经验要求的矩阵，以使董事会/监事会更有效履职，更好地完成受托责任。多数市场化运作机构以风险调整后的收益最大化为首要目标，而不是一味地盲目追求短期或指定周期下的高收益。在人才招聘和雇员待遇上，养老机构普遍具有自主权。例如，法国养老储备金（Fonds de Reserve pour les Retraites，FRR）管理委员会负责对专业经理人的选拔[①]，日本 GPIF 在人才选拔和任命上有自主权。

就养老基金等而言，还需要考虑投资与负债的匹配，坚持由负债驱动投资与资产配置。养老基金的首要投资目标是控制减少资产无法支持负债的风险，因此，各国养老基金均根据自身条件（经济增长水平、人口结构、利率水平等）设计资产配置方案，并定期回顾与审视负债端变化，调整资产配置方案。例如，挪威 GPFG 与加拿大 CPPI 短期支付压力较小，从而投资组合相对灵活激进，权益类资产配置占总组合比例在 70%以上。法国 FRR 根据负债端支出情况，在资产配置上将投资组合分为对冲型与绩效型两种；对冲型组合多以泛固收类资产为主，旨在匹配每年支付需求；绩效型组合则开展多元化积极投资，旨在获取长期超额收益，该类组合将超过 50%以上的资金配置于成长型资产类别中。[②] 日本 GPIF 在境内债券利率不断下行的环境下，为确保完成“从长远角度以最小的风险确保养老金可持续发展所需的收益”的使命，提高了权益类资产、境外资产的配置比例，以获取较高收益率。

二 负债端管理经验

在机构投资者中，养老基金、捐赠基金、保险基金、家庭办公室的负债端管理尤其重要，需要考虑精算预测、缴费水平管理、支付水平管理、流动性管理等方面。对负债管理方面经验归纳如下。

一是重视精算测算。较为成熟的养老金管理机构有非常细致的精算测算。例如，日本对基本养老金至少每五年定期进行一次精算测算，全面评估养老金在未来 100 年的可持续性，并根据精算结果相应调整制度。加拿大第一支柱的老年支持计划（OAS）和第二支

---

① FRR，2021 Annual Report，https：//www. fondsdereserve. fr/en/publications/annual-reports.

② FRR，2021 Annual Report，https：//www. fondsdereserve. fr/en/publications/annual-reports.

柱的加拿大养老金计划（CPP）每三年进行一次精算测算，对未来75年的领取人数、未来年均收支情况、成本费用情况进行测算。多数养老金管理机构设有首席精算师和精算部门，例如，丹麦ATP专门设置首席精算师和精算部门，负责评估ATP未来负债，综合考虑未来债券收益率变化、人口预期寿命延长等影响，确定管理资产中保证收益和潜在分红的规模。

二是对缴费水平进行浮动管理。各国养老制度缴费水平往往根据精算结果进行调整。例如，加拿大基本CPP的缴费率11%，在此基础上，新设立补充CPP，第一补充缴款率在2023年将达到2.0%，第二补充缴款率在2024年将达到8.0%。马来西亚EPF进行年度浮动管理，根据经济形势进行缴费率临时调整，2008年，受到全球金融危机冲击时，EPF决定自2009年1月起两年内，将雇员的缴费率由11%下降到8%；在新冠肺炎疫情影响下，EPF决定自2020年4月再次调低缴费率，以提高雇员可支配收入。

三是对支付水平进行浮动管理，根据实际情况向上或向下调整养老金支付水平。例如，瑞典在国民养老金名义账户制下引入自动平衡机制，养老金的记账和支付随经济形势、资本市场发展而调整。目前，自动平衡机制仅仅运用于负债超过资产的情况，资产超过负债的情况并未被采用，即浮动管理仅应用于下调支付水平的情形。当养老金负债超过资产时，自动平衡机制将被激活，当负债等于（或小于）资产时，自动平衡机制将停止。自动平衡机制弥补了采用平均收入指数作为支付依据而可能面临的财务失衡问题，使养老金能够长期保持资产与负债的平衡，夯实其长期可持续性。

四是注重流动性管理。养老基金普遍面临负债端的养老支出需求，基金组合的流动性管理非常重要。加拿大安大略省医保养老计划（Healthcare Of Ontario Pension Plan，HOOPP）实施“负债驱动投资计划”（Liability Driven Investing，LDI），分别投资于两个组合中，一个是负债对冲组合（Liability Hedge Portfolio，LHP），另一个是追求回报组合（Return Seeking Portfolio，RSP）。[1] 负债对冲组合主要用于抵消养老金计划或养老金受益人面临的主要风险，例如，通胀和利率风险，主要包括债券和房地产投资，以防止由通胀引起的价格上涨以及由长期利率下降导致的回报下降。追求回报组合旨在产生超额回报，主要投向公开市场股票、信用债、私募股权，以提高基金的投资回报。

在各国和地区养老金中，香港强制性公积金与英国 NEST 都由参与人自行选择产品与配置，其他多数国家和地区养老金则由董事会/投资委员会集中决策资产配置方案。以上为集中决策的养老金投资端、负债端管理的共性。分散决策的养老基金的特点不同，投资表现取决于养老金产品的设计和运作。

第二节 对我国机构投资者资产管理的主要启示

在我国的机构投资者中，经过多年发展，主权财富基金和社会保障基金的投资管理经验丰富，与国外同业交流频繁，投资业绩优秀。我国养老体系的第二、三支柱由于处于起步与完善阶段，有很大发展空间，因此，指出当前存在的问题，并尝试给出政策建议，具有一定意义。

与全球许多国家一样，我国面临人口加速老龄化问题，正逐步完善养老保险体系。在养老金积累中，科学的管理与投资收益非常重要。国外一些养老基金的投资管理经验，对我国构建与国情相适应的养老金投资管理机制有一定启示。

一 养老金投资管理的必要性

我国第七次全国人口普查（“七普”）数据显示，60 岁及以上人口为 2.64 亿人，占比达到 18.70%，与“六普”数据相比提高了

① HOOPP, *HOOPP Investment Management: Investing for the Future*, https://hoopp.com/investments/hoopp-investment-management-and-funding.

2.51个百分点。[①] 日益加剧的人口老龄化问题给我国养老制度带来了一系列挑战。党的十九大报告提出，要按照兜底线、织密网、建机制的要求，全面建成覆盖全民、城乡统筹、权责清晰、保障适度、可持续的多层次社会保障体系。《中华人民共和国国民经济和社会发展第十四个五年规划和2035年远景目标纲要》提出，发展多层次、多支柱养老保险体系。2022年4月8日，国务院办公厅发布《国务院办公厅关于推动个人养老金发展的意见》[②]，标志着我国已初步构建起以基本养老保险为基础、以企业（职业）年金为补充、与个人储蓄性养老保险和商业养老保险相衔接的"三支柱"养老保险体系。

当前，我国"三支柱"养老保险体系的总规模约为13.7万亿元[③]，大致相当于2021年GDP的11.8%。从美国第三支柱和我国第二支柱养老保险体系的发展来看，我国第三支柱养老保险体系大有发展，前两者缴费上限分别为5000美元和职工工资的12%，高于我国第三支柱养老保险体系缴费，但是从覆盖面来看，前两者仅覆盖6000万~7000万人口，美国第三支柱养老保险体系已积累了超过12.2万亿美元的规模，我国第三支柱养老保险体系实现十年年均20%以上的增速。我国第三支柱养老保险体系的潜在覆盖面达10.3亿人，据测算，十年内其积累规模将达到几万亿元甚至十几万亿元。因此，我国养老金有巨大的增长空间，这意味着养老金的投资管理至关重要，而且投资收益本身也是养老金重要资金来源。

二　当前我国养老金投资管理存在的问题

我国一些养老金管理机构，例如全国社保基金理事会，吸纳了

---

① 数据来源：Wind。

② 《国务院办公厅关于推动个人养老金发展的意见》，中华人民共和国中央人民政府网站，http：//www.gov.cn/zhengce/content/2022-04/21/content_5686402.htm。

③ 《2020年度人力资源和社会保障事业发展统计公报》，中华人民共和国人力资源和社会保障部网站，http：//www.mohrss.gov.cn/xxgk2020/fdzdgknr/ghtj/tj/ndtj/202106/t20210604_415837.html。

优秀的投资管理经验，表现优异。但是，从整体市场来看，由于起步时间较晚，机构投资者还存在以下一些问题。

养老金管理机构的公司治理亟待改善。养老金管理机构负有对计划参与者的受托责任和信义义务。养老计划参与者有权及时了解养老基金投资运营情况，但我国养老金管理机构普遍存在与养老计划参与者沟通不足、透明度和信息披露不足的问题。

养老金投资组合的投资范围较窄。我国第一支柱基本养老保险金限于境内投资，第二支柱年金限于境内投资和香港市场投资。境外投资步子迈得最大的、作为养老储备金的全国社保基金的境外投资比例也不得超过总资产的 20%。2020 年末，我国养老金境外投资规模占总资产规模的比重仅为 9.69%[①]，与一些成熟的国外养老基金在地域配置等多元化方面存在一定差距。

未能依据负债驱动投资进行配置，往往体现为对股权资产配置不足。养老金应根据负债情况、规模情况、久期情况来开展配置。一些久期较长的养老金，长期投资在股权资产上的比例不足，未能获取未来科技进步带来的财务红利。根据中国证券投资基金业协会数据，2022 年第一季度，我国养老金的流通股持股市值为 1.08 万亿元，仅占 A 股市值的 1.62%。[②]

具有以短期考核为导向的市场风气。当前，我国资本市场对资产管理机构的短期投资业绩排名、奖项比比皆是，这引导了短期投资的市场风气。资产管理者迫于排名压力，注重短期业绩，不能发挥养老金的长期投资优势，不利于实现养老金的长期收益目标，甚至在多数情况下还要造成永久性超额财务亏损。

不以业绩基准作为评价基础的思维定式。当前对各类资产管理

---

① 资料来源：《全国社会保障基金理事会社保基金年度报告（2021 年度）》，全国社会保障基金理事会网站，http：//www.ssf.gov.cn/portal/xxgk/fdzdgknr/cwbg/sbjjndbg/webzhfo/2022/08/1662381965418407.htm。

② 资料来源：中国证券投资基金业协会。

机构的业绩评价不是基于事先确定的相应的业绩基准来进行，而是对所有策略的不同组合，不论市场表现好坏，都以绝对收益水平来评价，这是不科学、不可持续的。

投资管理专业能力有待提高。我国各支柱养老金的投资管理起步时间晚，各支柱的投资管理能力参差不齐，在公司治理、精算测算、投资目标设定、资产配置、投资管理体系建设、风险防控、人才培养、激励制度设计等方面都有待提升。

三 国外养老金投资管理可借鉴的做法

据统计，2021 年，全球养老基金规模达 60.6 万亿美元，相当于全球资产所有者所持资产规模（约 175 万亿美元）的 34.6%。[①] 全球养老基金 2017~2021 年以年均 8.6%的速度增长，其中增长主要来自投资收益，而不是缴费收入。加拿大 CPPI 2013~2022 年年均收益率超过 10%，在 5504 亿加元的资产规模中，有 3613 亿加元来自投资收益积累及再投资。[②] 国外一些较为成熟的养老基金的投资管理经验对我国具有一定启示。

一是由负债驱动投资。对不同来源、性质、要求的资金，设定不同的投资目标、风险容忍度、资产配置，在不同的资金池进行管理，例如，加拿大 CPPI 通过“双池结构”管理不同缴费和支付模式的“基本 CPP”和“补充 CPP”。法国养老储备基金（FRR）的支付政策在 2010 年发生改变，由于自身负债端的变化，而相应地调整了投资端久期，增加对国债和优质企业债的配置。

二是开展全球多元化投资。各国养老金投资普遍配置较多的境外资产。挪威 GPFG 和新加坡 GIC 资产全部投资于境外。2021 年，加拿大 CPPI 和新西兰 NZSF 资产境外配置超过 80%，丹麦 ATP 超过

---

① 资料来源：Willis Towers Waston，*Global Pension Assets Study-2022*，https：//www.thinkingaheadinstitute.org/research-papers/global-pension-assets-study-2022/。

② 资料来源：CPPI 2022 财年年报。

70%；2006~2021 年，日本 GPIF 境外资产目标配置比例由 17%上升至 50%；2010~2021 年，马来西亚 EPF 境外资产占比由 27%提升至 37%。

三是重视权益类资产的长期投资。养老金对权益类资产的配置普遍较高，2021 年，加拿大 CPPI 的股票配置比例达 85%，挪威 GPFG 约为 70%，新加坡 GIC 约为 60%；美国公共养老金整体平均约为 60%，日本 GPIF 约为 50%，养老金七强国家（包括：澳大利亚、加拿大、日本、荷兰、瑞士、英国、美国）股票平均配置水平为 45%。从世界平均水平来看，养老金本国持股市值在本国股市市值中占比为 20%，经合组织国家平均为 24%，养老金七强国家高达 28%。①

四是重视风险防范机制。各养老金投资机构首先对风险进行合理归类，区分内部、外部风险，负债端、资产端风险。建立多层次风险防范机制，赋予各层级不同的风险范围，对超过范围的风险要及时上报。新加坡 GIC 建立了日常业务操作层面、专门的风险管理部门、内部审计层面的多层次风险管理机制，以进行风险监测、评估、管理。

五是激励机制体现养老金的长期投资特点。加拿大 CPPI 的总组合考核以 5 年为考核周期，避免对短期业绩的过分强调，体现长期投资导向。CPPI 采取一系列“风险共担措施”，使雇员与机构目标一致，递延部分奖金，其薪酬随基金波动而波动。总组合表现占激励薪酬的 50%。董事会有权召回或调整所有形式的激励薪酬。

六是重视公司治理。国外多数养老金管理机构采取公司化运作方式，董事会/理事会负责基金层面的重大决策事项。董事会/理事会由各利益方的代表构成，根据技术/经验矩阵遴选。多数市场化运作管理机构以风险调整后的收益最大化为首要目标，养老金资产独

① 资料来源：Willis Towers Waston，*Global Pension Assets Study*-2022，https：//www. thinkingaheadinstitufe. org/research-papers/global-pension-assets-study-2022/。

立于政府资产。在人才招聘和雇员待遇上，养老金管理机构普遍具有自主权。

四　改善我国养老金投资管理的政策建议

我国应根据本国资本市场及养老金发展规律，借鉴国外养老金管理经验，建立适合我国国情的养老金投资管理机制。

在养老金管理机构的内部治理上，兼顾董事会/理事会成员的代表性与专业性。上级主管机构通过审计等方式进行管理，养老金管理机构在授权范围内具有投资决策的独立性。管理机构的董事会/理事会成员既要具有代表性，能够代表利益相关方，又要具有必需的专业技能。赋予养老基金在人才招聘上的自主权。提高管理机构运营的透明度，增加计划参与者的信息获取渠道。

适当增加境外资产配置，分享全球经济增长红利，对冲本国劳动收入下滑风险。我国各支柱养老金可以适当提高对境外资产的配置比例，适当增配发达国家公开市场资产，以及新兴市场国家的另类投资项目，特别是考虑与我国友好、政治稳定国家的公开和私募市场项目。但同时要兼顾养老金投资的流动性要求。

适当增加权益类资产配置，发挥养老金“长钱”优势。我国养老金入市仍有很大的空间。对于久期较长的养老金，投资股市，遵守再平衡纪律，在风险容忍度范围之内，获取容忍短期波动而带来的超额收益。当前，我国股市机构投资者少、散户多，养老金入市有助于优化股市投资者结构，以形成养老金投资与资本市场完善的良性互动。

建立鼓励长期投资的评价机制，通过激励机制使管理机构与养老计划参与者利益一致。建立公允合理的业绩基准/风险基准来评价管理机构表现，可借鉴加拿大 CPPI 的参考组合，考核管理机构的较长期投资业绩，不鼓励进行各种短期业绩排名。在激励机制中，将管理机构总组合表现与个人表现挂钩，激励薪酬随基金业绩的波动而波动。

强化风险防范能力，建立多层次风险管理机制。在负债端，注意防范负债超额预期风险，确保养老基金的可持续性。在资产端，防范政治风险、投资风险、立法变动风险、策略风险、治理风险、运营风险等。要求管理机构设立日常业务操作、风险管理部门、公司高管层等多层次风险管理制度。

参考文献

吴晓灵、邓寰乐等：《资管大时代》，中信出版集团，2020。

熊军：《养老基金投资管理》，经济科学出版社，2014。

〔美〕大卫·F. 史文森：《机构投资的创新之路》，张磊等译，中国人民大学出版社，2015。

仲继银：《董事会与公司治理》，中国发展出版社，2014。

〔美〕ANDREW ANG（洪崇理）：《资产管理：因子投资的系统性解析》，隆娟洁等译，中国发展出版社，2017。

余家鸿、吴鹏、李玥编著《探秘资管前沿——风险平价量化投资》，中信出版集团，2018。

文潇、杜邢晔：《参考组合在养老基金投资中的应用》，载董克用、姚余栋主编《中国养老金融发展报告（2020）》，社会科学文献出版社，2020。

〔法〕托马斯·皮凯蒂：《21世纪资本论》，巴曙松等译，中信出版社，2014。

〔美〕富兰克·H. 奈特（Frank H. Knight）：《风险、不确定性和利润》，王宇、王文玉译，中国人民大学出版社，2005。

〔美〕查尔斯·D. 埃利斯：《赢得输家的游戏》（原书第5版），王茜、笃恒译，机械工业出版社，2010。

杜邢晔：《加拿大养老金计划投资委员会（CPPIB）运作模式分析（上）——基于2018财年、2019财年报告》，中国证券投资基金业协会（AMAC）《声音》2019年第25期，https：//www. amac.

org. cn/businessservices _ 2025/pensionbusiness/yljyw _ yljyj/yljyj _ gjjy/201912/P020191231575443756696. pdf。

杜邢晔：《加拿大养老金计划投资委员会（CPPIB）运作模式分析（下）——基于2018财年、2019财年报告》，中国证券投资基金业协会（AMAC）《声音》2019年第26期，https：//www. amac. org. cn/researchstatistics/publication/cbwxhsy/201910/P020191231763782276089. pdf。

文潇、杜邢晔：《美国德克萨斯州教师退休体系的基金运作模式——基于〈德克萨斯州教师退休体系2018年财报〉的分析》，中国证券投资基金业协会（AMAC）《声音》2019年第27期，https：//www. amac. org. cn/businessservices _ 2025/pensionbusiness/yljyw _ yljyj/yljyj _ gjjy/202001/P020200107449903889028. pdf。

杜邢晔：《澳洲超级年金（AustralianSuper）产品设计分析》，中国证券投资基金业协会（AMAC）《声音》2020年第3期，https：//www. amac. org. cn/businessservices _ 2025/pensionbusiness/yljyw _ yljyj/yljyj _ gjjy/202001/P020200120633983639010. pdf。

杜邢晔：《加州公务员养老金（CalPERS）薪酬激励考核机制研究》，中国证券投资基金业协会（AMAC）《声音》2020年第13期，https：//www. amac. org. cn/researchstatistics/publication/cbwxhsy/202004/P020200410240585801572. pdf。

杜邢晔：《境外养老基金风险评估与管理机制研究》，国家金融与发展实验室工作论文，http：//www. nifd. cn/ResearchComment/Details/2514。

《2020年度人力资源和社会保障事业发展统计公报》，中华人民共和国人力资源和社会保障部网站，http：//www. mohrss. gov. cn/xxgk2020/fdzdgknr/ghtj/tj/ndtj/202106/t20210604_ 415837. html。

《全国社会保障基金理事会社保基金年度报告（2021年度）》，全国社会保障基金理事会网站，http：//www. ssf. gov. cn/portal/xxgk/

fdzdgknr/cwbg/sbjjndbg/webinfo/2022/08/1662381965418407. htm。

ATP, ATP's Investment Approach 2021, https: /www. atp. dk/en/dokument/atps-investment-approach-2021.

ATP, The ATP Group Annual Report 2021, http://www. atp. dk.

AustralianSuper, Important Things to Know about Choice Income, Product Disclosure Statement, https://www. australiansuper. com/investments/your-investment-options/member-direct.

AustralianSuper, Important Things to Know about TTR Income, Product Disclosure Statement, https://www. australiansuper. com/investments/your-investment-options/member-direct.

AustralianSuper, Your Income Payments 2019/2020, https://www. australiansuper. com/-/media/australian-super/files/tools-and-advice/forms-and-fact-sheets/retirement/forms/payment-calendar. pdf.

CalPERS, 2020–21 Annual Investment Report (Fiscal Year Ended June 30, 2021), https://www. calpers. ca. gov/docs/forms-publications/annual-investment-report-2021. pdf.

CalPERS, Asset Allocation Monthly Update, https://www. calpers. ca. gov/docs/perf-monthly-update. pdf.

CalPERS, CalPERS Announces Preliminary Net Investment Return of −6. 1% for the 2021-22 Fiscal Year, https://www. calpers. ca. gov/page/newsroom/calpers-news/2022/calpers-preliminary-investment-return-2021-22.

CalPERS, Board Meetings Materials (March 20, 2018), https://www. calpers. ca. gov/page/about/board/board-meetings.

Center for Retirement Research, Pension Investment Performance Detailed, Public Plans Data, https://view. officeapps. live. com/op/view. aspx? src = https% 3A% 2F% 2Fpublicplansdata. org% 2Fwp-content% 2Fuploads% 2F2013% 2F12% 2FPensionInvestmentPerformanceDetailed. xlsx&wdOrigin=BROWSELINK.

CPPI, 2018-2022 CPPI Annual Report, https: //www.cppinvestments.com/.

EPF, Integrated Annual Report 2021, https: //www.kwsp.gov.my/documents/20126/c092867c-a4bb-5e9a-2269-c41e0069df6a.

FRR, 2021 Annual Report, https: //www.fondsdereserve.fr/en/publications/annual-reports.

GIC, GIC Annual Report 2021/22 Investment Report, https: //report.gic.com.sg/investment-report.html#the-gic-portfolio.

GIC, Risk Management, https: //www.gic.com.sg/how-we-invest/risk-management/.

GPIF, Annual Report Fiscal Year 2021, https: //www.gpif.go.jp/en/performance/annual_ report_ fiscal_ year_ 2021.pdf.

HOOPP, *HOOPP* Investment Management: Investing for the Future, https: //hoopp.com/investments/hoopp-investment-management-and-funding.

Justia, Article 16-General Provisions, Section 67-State and Local Retirement Systems, https://law.justia.com/constitution/texas/sections/cn001600-006700.html#:~: text = Article%2016% 20-% 20GENERAL% 20PROVISIONS% 20Section% 2067% 20 -, benefits% 20must% 20be% 20based% 20on% 20sound% 20actuarial% 20principles.

NBIM, GPFG Annual Report 2021, https: //www.nbim.no/en/publications/reports/2021/annual-report-2021/.

NBIM, GPFG Governance Framework, https: //www.GPFG.no/en/organisation/governance-model/.

NBIM, GPFG Management Mandate 2019, https: //www.nbim.no/contentassets/52e589ff7b2d48afb2e2dcd5aa3464f7/gpfg _ mandate _ 23.04.2019.pdf.

NBIM, Risk and Return 2019, No.5, https: //www.nbim.no/

en/publications/reports/2019/return-and-risk-2019/.

New Zealand Superannuation Fund, Annual Report 2021, https://www.nzsuperfund.nz/assets/Publications/Annual-Reports/Guardians-Annual-Report-2021-v3.pdf.

Regjeringen, Government Pension Fund Act, https://www.regjeringen.no/contentassets/9d68c55c272c41e99f0bf45d24397d8c/government-pension-fund-act-01.01.2020.pdf.

Russell Investments, What Is OCIO? https://russellinvestments.com/us/blog/what-is-ocio.

SWFI (swfinstitute.org), What Is a Sovereign Wealth Fund? https://www.swfinstitute.org/research/sovereign-wealth-fund.

TRS, 2021 Comprehensive Financial Report, https://www.trs.texas.gov/TRS%20Documents/acfr-2021.pdf.

TRS, Investment Policy Statement, https://www.trs.texas.gov/TRS%20Documents/investment_policy_statement.pdf.

Willis Towers Watson, The Asset Owner 100, The Most Influential Capital on the Planet, 2021, https://www.thinkingaheadinstitute.org/research-papers/the-asset-owner-100-2021/.

Willis Towers Watson, The World's Largest 500 Asset Managers: A Thinking ahead Institute and Pensions & Investments Joint Study | October 2021, PI-500-2021, https://www.thinkingaheadinstitute.org/content/uploads/2021/10/PI-500-2021.pdf.

Willis Towers Watson, Global Pension Assets Study-2021, https://www.thinkingaheadinstitute.org/research-papers/global-pension-assets-study-2021/.

Wills Towers Waston, Global Pension Assets Study-2022, https://www.thinkingaheadinstitute.org/research-papers/global-pension-assets-study-2022/.

后　记

在写作本书之前，我在中国证券投资基金业协会的《声音》专栏上陆续发表了一些机构投资者的研究文章，此外，也在国家金融与发展实验室完成相关的工作论文，并完成《中国养老金融发展报告（2020）》有关报告的撰写。这些写作既基于我的工作经历，也基于我的研究兴趣。感谢在中国投资有限责任公司的工作经历，在这里，我接触了一些国际上非常知名的机构投资者，经常阅读相关的报告和资料，并在领导、同事的帮助下，对同业机构进行了初步研究。之后在投资银行和私募基金的工作，让我聚焦大类资产的单个类别。

这些经历潜移默化地让我去关注、梳理知名投资机构的投资管理机制、运作模式。我先是细读加拿大养老金计划投资公司的年报，从十个方面对其整个运作流程进行了介绍分析，作为一个系列、分十篇发在我的个人公众号上。这个系列引起中国证券投资基金业协会时任领导的关注，协会邀请我去交流，因此有了后来的一系列合作。在《声音》专栏发表的、围绕机构投资的研究有些是自己选题，有些是命题文章，像对美国得克萨斯州教师退休体系（TRS）的研究就是协会命题文章，旨在为养老制度第二支柱的发展提供借鉴；对澳大利亚超级年金（AustralianSuper）的研究，则是想为第三支柱个人养老金的发展提供借鉴。此后，我也很荣幸地受邀与国内从业者交流国际机构投资者资产管理的研究成果。对于这些机构投资者的资产管理工作，我充满好奇心和研究兴趣。

整理后发现，这些研究涉及机构投资的各个方面——公司治理、投资管理、资产配置、风险管理、薪酬激励、产品设计等，社会科学文献出版社的编辑孔庆梅女士建议我不要以各个机构来划分，而是以上述各个方面为章节结集出版。我参考她的建议对结构进行了更新、整理，遂成本书，也算是对我近年对机构投资研究的阶段性总结。由于我的视野、格局与知识积累仍然有限，请读者朋友多多指正！

在写作过程中，我得到了很多老师和朋友的帮助。感谢全球财富管理论坛秘书处的领导和同仁给予的大力支持；感谢中国投资有限责任公司董事会办公室的领导和同事让我学习很多！感谢中国世界贸易组织研究会会长崇泉先生，中国社会科学院经济研究所原副所长王振中教授，国家金融与发展实验室副主任张平教授，同济大学全球治理与发展研究院院长周琪教授，中国社会科学院二级编审、同济大学全球治理与发展研究院高级研究员沈雁南先生，中国社会科学院经济研究所张自然教授，中国证券投资基金业协会前副会长钟蓉萨女士，中国证券投资基金业协会理财及服务机构部前负责人黄钊蓬女士，富达投资公司资深顾问郑任远博士，中投公司资产配置部前总监范华博士，全国社保基金理事会李娜女士，《探秘资管前沿》作者、佳辰资本全球公开市场部总经理、中投公司多资产投资前负责人、香港金融发展局小组成员余家鸿先生，深圳市弘源泰平资产管理有限公司合伙人文潇先生，中投公司多资产策略组高级副经理、投资组合经理李玥女士，罗素投资刘卓识博士，北京济安金信科技有限公司副总经理闫化海博士，加拿大阿尔伯塔投资管理公司固收投资部经理朱晓光先生，新加坡金管局张鹏先生，香港金管局杨钊博士，全球财富管理论坛刘海鸾女士，社会科学文献出版社编辑孔庆梅女士，因为有你们的支持，本书才得以形成、出版。

很荣幸邀请到美国杜克大学客座教授高西庆先生，对外经济贸易大学金融学教授、副校长吴卫星先生，中国保险资产管理业协会党委书记、执行副会长兼秘书长曹德云先生，对外经济贸易大学国际发展合作学院执行院长、美国德雷克大学客座教授王波先生，中国养老金融50人论坛秘书长、清华大学社会科学学院特聘教授董克用先生，天弘基金副总经理兼首席经济学家熊军先生，余家鸿先生，文潇先生，朱晓光先生，为本书作序或推荐，不胜荣幸！还有很多师友或是给我指导，或者与我探讨，受益良多，在此一并致谢！

最后，感谢家人的支持、鼓励，他们给我很多温暖。儿子吴金瀚听说我在写书，说“妈妈好样的”。我改稿时，他经常跑到电脑前“关心”进展，对我也是一种激励。

杜邢晔

二〇二二年九月二十二日于北京

图书在版编目(CIP)数据

长期主义：机构投资者的资产管理 / 杜邢晔著.--
北京：社会科学文献出版社，2022.11
ISBN 978-7-5228-0865-9

Ⅰ.①长… Ⅱ.①杜… Ⅲ.①机构投资者-资产管理
-研究 Ⅳ.①F830.59

中国版本图书馆 CIP 数据核字（2022）第 186286 号

长期主义：机构投资者的资产管理

著　　者 / 杜邢晔

出 版 人 / 王利民
责任编辑 / 孔庆梅
责任印制 / 王京美

出　　版 / 社会科学文献出版社 · 经济与管理分社（010）59367226
地址：北京市北三环中路甲 29 号院华龙大厦　邮编：100029
网址：www.ssap.com.cn
发　　行 / 社会科学文献出版社（010）59367028
印　　装 / 三河市东方印刷有限公司

规　　格 / 开 本：787mm × 1092mm　1/16
印 张：13.25　字 数：178 千字
版　　次 / 2022 年 11 月第 1 版　2022 年 11 月第 1 次印刷
书　　号 / ISBN 978-7-5228-0865-9
定　　价 / 89.00 元

读者服务电话：4008918866